TEPS in TEPS

800독해

박기혁

서울대학교 졸

(현) 메가스터디 어학센터 TEPS 강사

(현) SLA 학원 TEPS 대표 강사

(현) 중앙일보 영자 신문 중앙 데일리 교육 분야 객원 논설위원

(현) 한국 생산성 본부 영어 전임 강사

(현) PTT(Park's TEPS Teacher's Group) 대표 강사

-TEPS의 최고를 지향하는 강사들의 모임

TEPS in TEPS 800 독해 2nd Edition

저자 | 박기혁

초판 1쇄 발행 | 2009년 6월 25일

개정 3쇄 발행 | 2014년 1월 13일

발행인 | 박효순

편집장 | 강성술

기획 · 편집 | 박운희, 박혜민, 박문정

디자인 책임 | 손정수

마케팅 총괄 | 여종선

마케팅 | 이태호 이전희

디지털콘텐츠 | 이지호, 김정숙

관리 | 남채윤

Special Staff

표지 | 장선숙

내지 | 홍수미

편집 | 조혜정

조판 | 김선자

출판등록 | 제10-1835호

발행처 | 사람in

주소 | 121-839 서울시 마포구 서교동 378-16번지 4F

전화 | 02) 338-3555(代)   팩스 | 02) 338-3545

e-mail | saramin@netsgo.com

Homepage | www.saramin.com

:: 책값은 뒤표지에 있습니다.

:: 파본은 바꾸어 드립니다.

ⓒ박기혁 2009

ISBN 978-89-6049-191-5 13740

　　　978-89-6049-175-5 (세트)

사람이 중심이 되는 세상, 세상과 소통하는 책 **사람in**

TEPS in TEPS

TEPS

800독해

박기혁

사람in
saram
in.com

Preface

영어 시험을 둘러싼 여러 가지 환경 변화에 의해서 TEPS의 중요성은 나날이 강조되고 있고 그 특징 또한 뚜렷이 변화를 겪고 있다.

첫째, 갈수록 문제가 다양화되고 있고 더욱더 세련되어지고 있다.
둘째, 시험을 치루는 대상 연령층이 자꾸 낮아지고 있다.
셋째, 특목고나 외고, 로스쿨이나 의학전문대학원 진학 등 그 쓰임새가 더욱 광범위해졌다.

이러한 세 가지 변화에 발맞추어, TEPS 교재도 다양화되고 진화되어야 하는데, 현재의 교재 시장은 그러한 가시적인 변화에 능동적으로 대처하지 못하는 것이 사실이다. 이에, 이번 TEPS in TEPS 시리즈를 통해서 진화하는 TEPS에 가장 적합한 패러다임을 제시하고자 한다.

TEPS는 참으로 복잡하고 미묘한 시험이다. TOEFL처럼 학문적인 점에 초점을 맞추는 것도 아니고, TOEIC처럼 실용 언어적인 측면만을 강조하는 시험도 아니다. 어쩌면 이 둘의 장점만을 모아 놓은 시험이라 할 수 있겠다.

학문적인 내용들을 풀어가되 좀 더 현실성을 부여하여 실용적으로 쓰이는 영어들을 묻는 것이다. TEPS가 최근 시험 시장에 지각 변동을 일으키고 있는 이유는 이런 장점이 토대가 되었다고 볼 수 있다.

TEPS는 실제로 회화를 하다가 혹은 네이티브가 보는 외국 신문 등을 읽다가 느끼는 애로사항을 잘 해결해 줄 수 있는 시험이다. 어휘력의 측면에서 보아도 실생활에서 우리는 이런 어려움을 겪는다. '단어 하나하나의 해석은 되는데 왜 전체적으로는 독해가 안 되고 해석이 안 될까?', '이 상황에서 저 말은 대체 무슨 뜻으로 쓰이는 걸까?'

그것은 바로 간단한 단어라도 초보적으로 배웠던 사전적 지식 외에 실생활에서는 다양한 뜻으로 활용되기 때문이다.

이처럼 네이티브와의 가장 적절한 의사소통에 초점을 둔 TEPS는 지극히 영어수험과 영어실용의 접목이라는 공인영어시험의 목적에 가장 합당한 인증시험이라 하겠다.

TOEIC이 점수 인플레로 상위권 수험생의 변별력을 상실했다는 비판이 많다. TEPS는 TOEIC과 같은 패턴의 지속적인 반복만으로는 해결할 수 없는 시험이다. 이에 학습자들도 이런 TEPS에 대한 관심과 욕구가 더욱 늘어나고 있는 현실이다.

필자는 좀 더 실용적이고 영어 실력 향상에 도움이 되는 TEPS에 대한 관심이 높아지고 있는 것은 고무적인 일이라 생각한다. 그리고 그런 TEPS를 연구하고 학습하는데, 이 'TEPS in TEPS 시리즈' 가 선구자적인 역할을 하길 진심으로 바라는 마음으로 문제 하나 설명 하나에 세심한 신경을 쓰면서 작업에 임하였다.

혼자서는 할 수 없었던 작업에 언제나 도움이 되었던 분들께 감사의 마음을 전할까 한다. 늘 미안한 마음이 드는 가족들과, 사람인 출판사의 박효상 사장님, 김상호 팀장님, 조승주 대리님 그리고 이 책의 출간에 물심양면으로 도움을 주신 류건 선생님, 신일섭 조교, 윤이랑 조교에게도 아울러 감사의 뜻을 표하고 싶다.

PTT(Park's TEPS Teacher's Group) 대표 강사

박 기 혁

TEPS in TEPS 시리즈는

TEPS in TEPS

학생들의 자습서와 학원 교재의 성격을 둘 다 가질 수 있게 만들었다. 그래서 학원에서의 강의는 물론 독학용으로 사용하도록 준비했다.

1. 상세한 해설을 통해 정답을 공략하는 법과 함께 오답을 피할 수 있는 Skill들을 제시하여 좀 더 높은 점수로의 도약이 가능하게 하였다.

2. TEPS의 4대 영역(독해, 어휘, 청해, 문법)과 기준 점수대별로 학습 목표와 가장 효율적인 방법들을 제시하여 좀 더 전문적이고 체계적인 학습자 맞춤형 학습이 가능하도록 하였다.

3. 애매모호한 이론이나 군더더기 설명을 최대한 배제하여 학습 시간 대비 효율성을 극대화하도록 구성하였다.

TEPS in TEPS

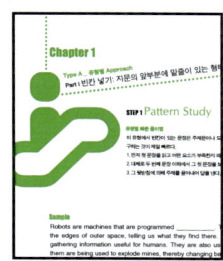

1. TEPS 독해 유형을 완전하게 익힐 수 있는 **Type A**

TEPS 독해 유형 9가지를 집중적으로 분석하고 이에 따른 빠르고도 정확한 해결법을 제시하였다. 출제 패턴을 철저히 분석하고 Clinic을 통해 올바른 풀이법은 물론 오답에 빠지지 않는 요령까지 섭렵할 수 있도록 하였다.

2. TEPS 테마의 완벽한 분석과 해결법을 제시한 **Type B**

TEPS 독해에 잘 나오는 소재들을 테마별로 나누어서 분석하고 해결법을 제시하였다. 각 테마별로 독해에 적용할 수 있는 필수 어휘들을 챙겨 익히도록 하여 TEPS에 가장 적절한 독해법을 완성하였다.

3. 자신만의 해결 노하우를 만들어가는 **Actual Test**

Type A와 Type B를 통해 TEPS 전문가의 독해법을 익히고 이를 실전문제에 적용하여 자신만의 문제 해결 노하우를 만들 수 있도록 하였다.

4. 실전보다 더 실전 같은 **Final Test**

TEPS와 가장 가까운 문제들만 엄선하여 학습자로 하여금 실전 감각을 최고조에 이를 수 있도록 하였다. 기존의 TEPS 문제들을 철저하게 분석함은 물론 앞으로 출제가 예상되는 부분까지 반영하여 언제 시험을 보더라도 자신감 넘치게 대처할 수 있도록 하였다.

차례
Contents

Chapter 1

Chapter 1

STEP 1 Pattern Study

유형별 빠른 풀이법

이 유형에서 빈칸이 있는 문장은 주제문이나 도입문인 경우이므로 다음과 같은 순서로 답을 구하는 것이 제일 빠르다.

1. 먼저 첫 문장을 읽고 어떤 요소가 부족한지 파악한다.

2. 대체로 두 번째 문장 이하에서 그 첫 문장을 보강할 내용들이 뒷받침된다.

3. 그 뒷받침에 의해 주제를 끌어내어 답을 낸다.

Sample

Robots are machines that are programmed _____. They have already been sent to the edges of outer space, telling us what they find there. They go into the deepest sea, gathering information useful for humans. They are also used in war and peace. Some of them are being used to explode mines, thereby changing battlefields into farmlands.

Q. **Choose the option that best completes the passage.**

(a) to do dangerous work for humans

(b) to do boring household chores

(c) to explore unknown lands

(d) to analyze useful information

풀이 적용

1. 로봇이 프로그램된 것이라는 내용을 제시하고 빈칸이 나온다.

2. 둘째 문장 이하에서 우주, 전쟁 등 위험한 곳에서 로봇의 사용을 말해주고 있다.

3. 그러한 뒷받침에 의해서 빈칸에는 로봇이 인간을 위해서 위험한 일에 사용된다는 내용이 들어가야 함을 알 수 있다.

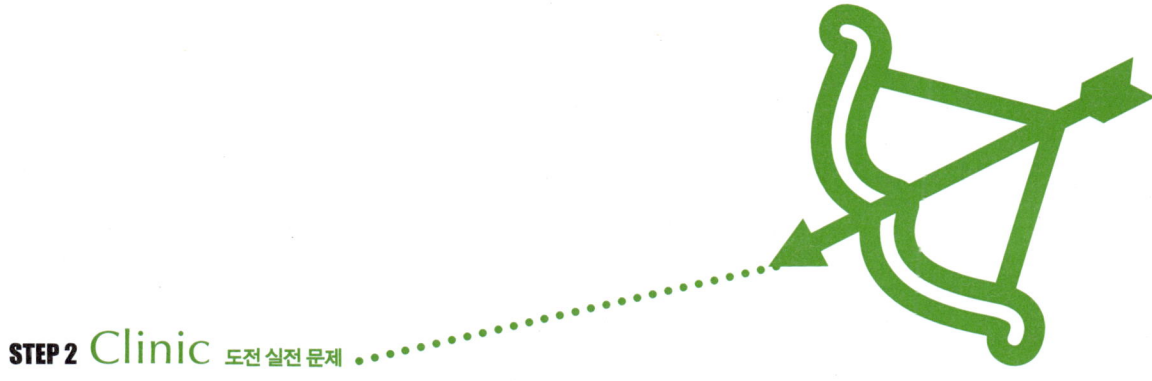

STEP 2 Clinic 도전 실전 문제

1.

_____; Verbal paper-and-pencil tests, non-verbal paper-and-pencil tests, where the tasks are presented by means of pictures and diagrams, and performance tests which require the manipulation of objects. Some, such as the Binet test or the performance tests, are given to subjects separately; most verbal and non-verbal tests can be done by a group of subjects writing at the same time.

Q. **Choose the option that best completes the passage.**
   (a) Intelligence tests have a remarkable record of safety
   (b) Intelligence tests have been constructed of three kinds
   (c) They carried out a probability-learning experiment with human subjects
   (d) Intelligence tests involve hard choices based on scientific knowledge

2.

Researchers spent five years _____, with the focus on children, *the China Daily* said. "They found that the polyphenol compound in tea—especially Oolong tea—can help obese people battle the bulge," the newspaper said. "Scientists have proved that drinking tea can help people lose weight." Guo Xirong, director of the Nanjing Institute for Paediatrics, particularly recommends Oolong tea, the newspaper said.

Q. **Choose the option that best completes the passage.**
   (a) researching battling the bulge
   (b) helping obese people
   (c) studying obesity
   (d) studying Oolong tea

1.

_____; Verbal paper-and-pencil tests, non-verbal paper-and-pencil tests, where the tasks are presented by means of pictures and diagrams, and performance tests which require the manipulation of objects. Some, such as the Binet test or the performance tests, are given to subjects separately; most verbal and non-verbal tests can be done by a group of subjects writing at the same time.

Q. **Choose the option that best completes the passage.**
(a) Intelligence tests have a remarkable record of safety
(b) Intelligence tests have been constructed of three kinds
(c) They carried out a probability-learning experiment with human subjects
(d) Intelligence tests involve hard choices based on scientific knowledge

 **오답과 정답 분석**

 **정답 분석**
첫 문장 다음에 세 가지 테스트에 대하여 구체적으로 소개하고 있기에 지능 검사는 세 가지 검사가 있다고 제시하는 (b)가 정답이다.

오답 분석
설문상 안전성에 대한 이야기는 전혀 없기에 (a)는 오답이고 probability, 즉 '확률' 학습에 대한 언급도 없어서 (c) 역시 정답이 되지 않는다. (d)는 빈칸 뒤의 내용과 어울리지 않는다.

2.

Researchers spent five years _____, with the focus on children, *the China Daily* said. "They found that the polyphenol compound in tea—especially Oolong tea—can help obese people battle the bulge," the newspaper said. "Scientists have proved that drinking tea can help people lose weight." Guo Xirong, director of the Nanjing Institute for Paediatrics, particularly recommends Oolong tea, the newspaper said.

Q. Choose the option that best completes the passage.
   (a) researching battling the bulge
   (b) helping obese people
   (c) studying obesity
   (d) studying Oolong tea

오답과 정답 분석

정답 분석
연구자들이 우롱차를 연구했다기보다 소아 비만을 집중적으로 5년 동안 연구하는 과정에서 우롱차의 폴리페놀이라는 성분의 효능을 발견했다는 것이 더 적절하기에 빈칸에는 '비만 연구'가 들어가야 한다.

오답 분석
(a) 살과의 전쟁(다이어트)보다는 비만 연구에 관한 내용이므로 답이 될 수 없다. (b) 구체적으로 비만인을 돕는다는 내용은 없다. (d) 비만을 연구하다 우롱차의 효능을 발견했을 뿐이다.

1.

A _____ unit is provided for tracking medical products containing a Radio Frequency Identification (RFID) tag uniquely associated with the product. The unit includes compartments for receiving medical products, and readers for reading the RFID tags associated with the medical products in the compartments. A processor is coupled to the readers for receiving and processing readings of the RFID tags in the compartment to identify the medical products in the compartments.

Q. Choose the option that best completes the passage.

(a) medication-dispensing

(b) RFID tags

(c) medical production

(d) medical products processor

2.

In the 1880s, inventor George Eastman hit upon an ingenious idea for _____ so it could be stored in compact canisters instead of on heavy, fragile glass plates. Eastman built a camera around this new technology and Kodak was born. Eastman's story is a classic example of the way declining costs can have radical effects on the way people use technology. The Kodak camera made it possible for ordinary Americans to take snapshots at a reasonable cost.

Q. Choose the option that best completes the passage.

(a) inventing a camera lighter

(b) taking snapshots at a reasonable cost

(c) making photographic film flexible

(d) being on the cutting edge of the camera industry

3.

Employees like telecommuting because they can _____. They can start work when they want to. They can work in the evening and go out in the morning or the afternoon. They don't have to spend as much time sitting in highway traffic. They can take advantage of the fresh air. In addition, telecommuting gives working mothers and fathers more time with their families.

Q. **Choose the option that best completes the passage.**
   (a) share more time with their colleagues
   (b) work more efficiently at home
   (c) have a more flexible working schedule
   (d) spend as much time as they want

4.

The differences between dusty Mars and lush, vibrant Earth are more than just skin deep. The two planets are different _____. Earth contains a heavy version of silicon that is absent from Mars. The finding, detailed in today's issue of the journal *Nature*, suggests Earth's core formed under very different conditions from those on Mars. It also supports the idea that the moon formed from material torn from a young Earth by a collision with a planet-sized rock.

Q. **Choose the option that best completes the passage.**
   (a) down to their very core
   (b) from the surface of the Earth
   (c) from other planets
   (d) in their rock samples

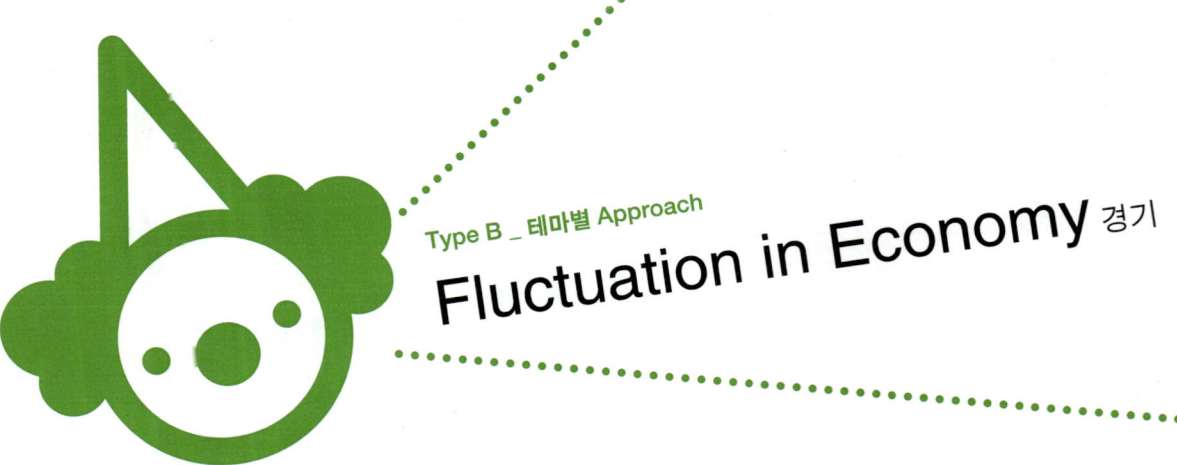

Type B _ 테마별 Approach

Fluctuation in Economy 경기

출제 경향 파악

경제란 순환성(circulation)을 가지고 있는 것이 일반적인 속성이다. 따라서 경제의 흐름에 대한 내용은 늘 순환성을 전제로 하는 바, 돈이 남아도는 인플레이션(inflation)과 돈이 부족하고 실물이 남아도는 디플레이션(deflation)이 존재한다. 그리고 그 안에서 금(gold)과 은(silver)의 가격 흐름이 생긴다. 그러한 순환을 먼저 말했던 것이 경제학자 슘페터(Shumpeter)이고, 이런 다양한 내용들이 출제가 된다.

STEP 1 Theme Research

1.

The dollar was down again on foreign markets but the price of gold and silver held steady. The possibility of another oil price increase is spreading fears in the financial world of more inflation on the global scene. Business leaders are beginning to express a desire for some kind of control, since raising int___est ra___s doesn't seem to have any positive effect on the situation.

2.

One U.S. stock to watch is industrial conglomerate Tyco. It said it needs to close 300 factories so that it can cut costs by a billion dollars in the next three years. Only on Wednesday the company slashed its profit estimates for 2007 and sa___ed the chief in one of its units over accounting irregularities. The sh___e-up follows a year of financial sc___dals. Tyco's Chairman Edward Breen has said, "Heads will roll!" if any more problems are found. Shares are currently falling more than 3.5 percent.

Translation

1. 외국 시장에서 달러는 다시 하락하였지만 금과 은의 가격은 안정세를 유지했다. 또 한 차례의 유가 상승 가능성은 전 세계적으로 더 많은 인플레이션을 부추길 것이라는 우려를 금융계에 확산시키고 있다. 재계 지도자들은 어떤 종류의 통제를 바라는 의사를 나타내기 시작했다. 왜냐하면 이자율 상승은 현 상황에 긍정적인 영향을 미치지 않을 것 같기 때문이다.

2. 관찰해야 할 하나의 주식은 산업 재벌 타이코에 대한 것이다. 그 기업은 앞으로 3년간 십억 달러의 비용을 절약할 수 있도록 공장 300개를 문 닫아야 한다고 밝혔다. 불과 수요일에 그 회사는 2007년 예상 수익을 대폭 삭감하고, 회계 부정의 책임을 물어 사업분야 중 한곳의 총책임자를 해고했다. 그러한 대규모 인사 이동은 일 년 동안의 금융 스캔들이 있고 난 뒤 일어난 일이다. 타이코의 회장 에드워드 브린은 다른 문제들이 발견된다면 "목이 달아날 것이다" 라고 말했다. 주식은 현재 3.5퍼센트 이하로 크게 떨어지고 있다.

STEP 2 Words and Expressions

어구 해설

hold steady 안정세를 유지하다
conglomerate (거대) 복합 기업, 대기업
slash 대폭 인하[삭감]하다
irregularities 부정 행위[사건]
roll 구르다 (여기서는 '(목이) 달아나다' 의 의미)

POP Quiz

다음 어휘나 어구의 뜻을 빈칸에 써 넣으시오.

1. labor union _____
2. consumer confidence _____
3. inflation _____
4. breadwinner _____

ANSWER

STEP 1 1. interest rates
2. sacked / shake-up / scandals

STEP 2 1. 노동조합 2. 소비자 신뢰도 3. 인플레이션 4. (집안의) 가장

1.

I have seldom met a businessman who was not persuaded that inflation is produced by rising wages, _____, by strong labor unions and many a non-businessman is of the same mind. This belief is false, yet entirely understandable. To each businessman separately, inflation comes in the form of higher costs, mostly wages; yet for all businessmen combined, higher prices produce the higher costs. What is involved is a fallacy of composition. Any one person may be able to leave a crowed theater in two minutes without difficulty. Let everyone try to leave in two minutes and there may be utter chaos. What is true for each separately need not be true for all together.

⌊ Choose the option that best completes the passage.

   (a) in turn
   (b) nevertheless
   (c) unless
   (d) by accident

오답과 정답 분석

정답 분석

인플레이션이 유발되어 가는 순환 논리를 전개하는 것이므로 빈칸에는 '이번에는' , '이후에는' 등 순차적인 내용으로 전환할 수 있는 접속사가 들어가야 한다. 즉 경제를 바라보는 시각이 같은 사람들을 순차적으로 제시한 만큼 인플레이션을 일으키는 요소들이 의미가 심화되어서 나오는 것으로 보아야 한다.

오답 분석

(b) nevertheless는 양보 구문을 이끌며 (c) unless는 if ~ not과 같은 뜻으로 윗글의 문맥과 어울리지 않는다. (d) by accident(우연히)도 문맥에 맞지 않는다. 따라서 정답은 (a)가 될 수밖에 없다.

2.

If in the real world our money incomes go up at the same rate as prices, one might think that inflation does not matter. But it does. When money is losing its value, it lacks one of the qualities of a good money— _____. It is no longer acceptable as a store of value; and it becomes an unsuitable standard of deferred payments. Nobody wants to hold a wasting asset, so people try to get rid of money as quickly as possible. Inflation therefore stimulates consumer spending, and deters saving.

Q. **Choose the option that best completes the passage.**

    (a) durability of money

    (b) beauty of money

    (c) portability of money

    (d) stability of value

오답과 정답 분석

정답 분석

빈칸 앞에서 인플레이션이 문제가 된다고 하였기에 빈칸에는 그것과 관련되는 '화폐 가치의 안정성' 이 들어가야 한다. 인플레이션과 화폐 가치는 양날의 칼과 같이 매우 밀접한 관계가 있다.

오답 분석

(b) 돈의 아름다움, (c) 돈의 휴대성에 관한 내용은 윗글에 없다. 또한 (a)의 durability는 '내구성' 을 뜻한다. 즉 돈이 물리적으로 잘 찢어지지 않거나 하여 오래 쓸 수 있는 성질을 가리키기에 지문의 내용과 맞지 않는다.

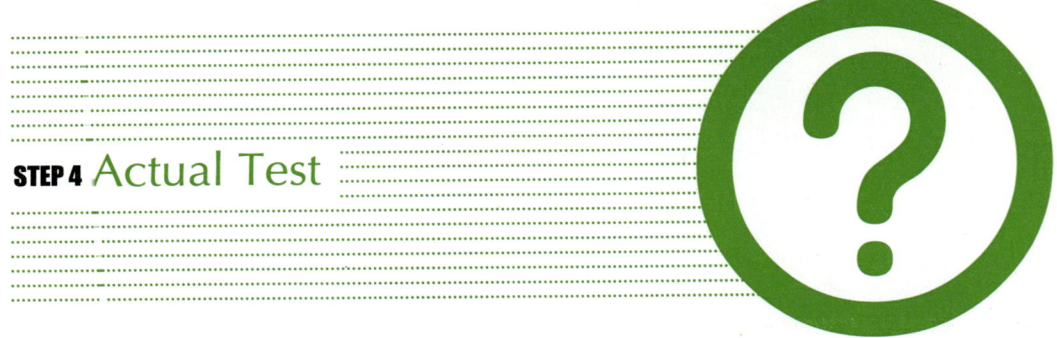

1.

Inflation watchers may take comfort from reports in the coming week that will show the biggest quarterly rise in the productivity of workers in seven years and the smallest increase in consumer credit in three months. Productivity accelerated at a 6.2% annual rate in the fourth quarter, up from the government's initial estimate of 5% and near the strongest gain of 7.4% in the fourth quarter of 1992.

Q. **Which of the following is true about worker productivity?**
(a) The government did not expect it to rise.
(b) The government's predictions turned out to be correct.
(c) It rose more than at any time in the past.
(d) It rose less than it did in the fourth quarter of 1992.

2.

You must have lived in 1950s and 1960s to have experienced a good economy. By a good economy I mean one that is not only expanding but also employing the nation's human and physical resources at a high degree of efficiency. In these terms the U.S. economy has been declining since the late 1960s, and is now nowhere near the levels reached earlier. In the period between 1950 and 1970 it was the rule that the ordinary family, without higher education, could sustain itself decently on the income of a single breadwinner.

Q. **What is this passage mainly about?**
(a) We are using our resources effectively.
(b) The situation we are facing has been the worst ever.
(c) We can live well enough without education.
(d) It is hopeful that the economy is going to be fine.

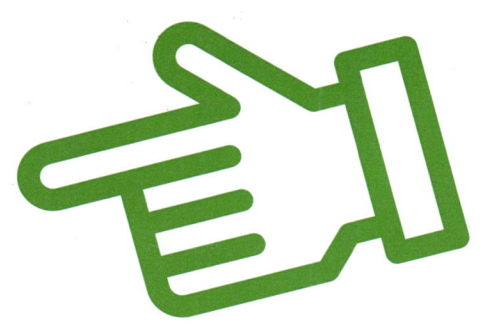

- ☐ **accelerate** 속도가 늘다, 빨라지다
- ☐ **battle field** 전쟁터, 전장
- ☐ **be persuaded that** ~을 확신하고 있다
- ☐ **breadwinner** 한 가정의 벌이하는 사람
- ☐ **bulge** (몸의) 지방, 살
- ☐ **canister** 양철통, (차 · 담배 · 커피의) 통
- ☐ **compartment** 칸막이, 구획
- ☐ **composition** 구성, 합성
- ☐ **compound** 화합물
- ☐ **decently** 남부럽지 않게
- ☐ **deferred** 연기된, 미뤄진
- ☐ **deter** 그만두게 하다, 못하게 막다
- ☐ **efficiency** 능률, 효율
- ☐ **explode** 파하다
- ☐ **fallacy** 오류
- ☐ **finding** 발견, 조사[연구] 결과
- ☐ **frequency** 주파수
- ☐ **hit upon** 문득 생각나다
- ☐ **ingenious** 독창적인
- ☐ **in turn** 차례로, 이번에는
- ☐ **lush** 싱싱한, 푸른 풀이 많은
- ☐ **manipulation** 조작, 처리
- ☐ **Mars** 화성
- ☐ **nowhere near** 도저히 미치지 못하는, 근처에도 못 가는
- ☐ **paediatrics** 소아과
- ☐ **paper-and-pencil test** 지필 시험
- ☐ **performance test** 작업 검사
- ☐ **productivity** 생산성
- ☐ **radical** 혁신적인, 급진적인
- ☐ **separately** 따로따로, 개별적으로
- ☐ **stimulate** 자극하다
- ☐ **store** 비축, 축적
- ☐ **sustain** 부양하다

- ☐ **telecommuting** 재택근무
- ☐ **understandable** 이해할 수 있는
- ☐ **utter** 전적인, 완전한
- ☐ **vibrant** 활기에 넘치는
- ☐ **wasting asset** 소모(성) 자산

Chapter 2

Chapter 2

Type A _ 유형별 Approach

Part I 빈칸 넣기: 지문의 중간이나 끝에 밑줄이 있는 형태

STEP 1 Pattern Study

유형별 빠른 풀이법

지문의 중간이나 끝에 빈칸이 있는 문제는 중심 주제문보다는 중간 주제문을 묻는 경우이므로 다음과 같은 순서로 푸는 것이 제일 빠르다.

1. 빈칸의 앞부분을 신경 써서 읽는다. 반드시 주제가 들어가는 경우가 많기 때문이다.
2. 거기서 읽은 주제를 대입시키는 문제들이 대다수라는 것을 명심하면서 푼다.
3. 그에 따라 넣은 이야기가 빈칸 뒤의 내용과 어울리는지 점검한다.

Sample

Barack Obama has a couple of important jobs to do today. He will go to a parent-teacher conference in Chicago this morning, then sit down to talk about the economy with his financial team. The President-elect will no doubt get an earful from these finance and industry chiefs about _____. Obama may also be sizing some of them up for Treasury Secretary. The economy will also dominate the news conference Obama holds this afternoon, his first since Election Day, and the weekly Democratic radio broadcast still due tomorrow.

Q. **Choose the option that best completes the passage.**
(a) the political situation of the Democratic Party
(b) the welfare problem of the poor
(c) the dire straits U.S. companies are in
(d) the problem of private medical insurance

풀이 적용

1. 중요한 일들을 한다는 말이 있으므로 그 방향성을 잡아 나간다.
2. 바로 앞에 finance and industry chiefs라는 말이 결정적 힌트로 작용한다.
3. 빈칸 뒤에는 대통령이 해야 하는 다른 일상적인 일들을 나열하고 있다.

STEP 2 Clinic 도전 실전 문제 •••••••••

1.

The insurance industry says new cars are doing better and better in crash tests, thanks to anti-rollover technology. Ford and Volvo, which own it, have 16 winners in the latest list of _____. Honda is next with 13. Auto analyst John McElroy says this is good news for consumers. "Until now do we see that there's, uh, twice as many top picked models as last year. It's three times as many as in 2007."

Q. **Choose the option that best completes the passage.**
    (a) top luxury vehicles
    (b) accessible cars for the disabled
    (c) crashworthy vehicles
    (d) good quality cars

2.

Maybe you didn't get an invite to the Obama inaugural lunch at the Capitol. But don't worry. You can download the recipes from the Web site of the Joint Congressional Committee on Inaugural Ceremonies. Abraham Lincoln is a hero to Barack Obama. The lunch has a definite Lincoln feel, from what's on the menu to the dishes, which are replicas of those purchased by Mary Todd Lincoln for the White House back in the 1860s. The caterers, Design Cuisine of Arlington, Va., said that they were asked to make a meal "_____."

Q. **Choose the option that best completes the passage.**
    (a) nutritionally well-organized
    (b) seafood stew with lobster
    (c) reminiscent of the Lincoln era
    (d) Barack Obama's favorite dishes

1.

The insurance industry says new cars are doing better and better in crash tests, thanks to anti-rollover technology. Ford and Volvo, which it owns, have 16 winners in the latest list of _____. Honda is next with 13. Auto analyst John McElroy says this is good news for consumers. "Until now do we see that there's, uh, twice as many top picked models as last year. It's three times as many as in 2007."

Q. **Choose the option that best completes the passage.**
    (a) top luxury vehicles
    (b) accessible cars for the disabled
    (c) crashworthy vehicles
    (d) good quality cars

오답과 정답 분석

정답 분석
윗글은 포드, 볼보, 혼다 등 자동차 회사에서 개발한 자동차의 전복 방지 기술 덕택으로 안전성이 강화된 차가 증가했다는 내용으로 (c) 내충격성 자동차가 많아졌다는 내용이 적합하다.

오답 분석
윗글은 자동차의 전복 방지 기술에 대해 이야기하고 있으므로 (a) 고급스러움과는 거리가 있으며 (b) 장애인을 위한 기능도 눈에 띄지 않는다. 한편 (d) 차의 품질이 좋아졌다는 내용은 너무 포괄적이다.

2.

Maybe you didn't get an invite to the Obama inaugural lunch at the Capitol. But don't worry. You can download the recipes from the Web site of the Joint Congressional Committee on Inaugural Ceremonies. Abraham Lincoln is a hero to Barack Obama. The lunch has a definite Lincoln feel, from what's on the menu to the dishes, which are replicas of those purchased by Mary Todd Lincoln for the White House back in the 1860s. The caterers, Design Cuisine of Arlington, Va., said that they were asked to make a meal "_____."

Q. **Choose the option that best completes the passage.**
(a) nutritionally well-organized
(b) seafood stew with lobster
(c) reminiscent of the Lincoln era
(d) Barack Obama's favorite dishes

오답과 정답 분석

정답 분석
지문의 중간에 Lincoln feel과 '1860년대의 백악관으로 거슬러 올라가 메리 토드 링컨이 구매한 것의 복사판' 이라는 내용이 힌트가 된다. 즉 링컨 시대의 복고풍 형태의 요리를 뜻하는 것이다.

오답 분석
지문은 오바마 대통령의 취임식 오찬 메뉴에 관한 이야기가 주를 이루며 (a) 영양적으로 잘 구성되었다거나 (b) 랍스터를 곁들인 해물 요리는 언급하고 있지 않으며, (d) 오바마가 개인적으로 좋아하는 요리에 관한 내용도 언급하고 있지 않다.

1.

Magnets in toys can be a deadly hazard to children because the tiny, powerful objects can cause serious internal injuries when swallowed. Yet the Consumer Product Safety Commission has not taken steps to regulate even more powerful magnets when they are sold in form as backings on children's earrings. The earrings consist of a small decorative part with a magnet inside. But because the earrings are not considered toys, new regulations for magnets do not apply. If they did, _____.

Q. **Choose the option that best completes the passage.**
   (a) the jewelry could not be legally sold
   (b) the toy industry will express concern about the jewelry
   (c) magnets that can be aspirated or swallowed are dangerous
   (d) the magnetic earrings would be more than five times more powerful

2.

If a stain has penetrated the varnish and protective coating, the affected area will need to be stripped down to the raw wood. A paint and varnish remover can be used to _____. Follow the product's directions. To best match the colors, consider samples of the materials, such as a new door and a stripped door.

Q. **Choose the option that best completes the passage.**
   (a) remove the stains
   (b) penetrate the protective coating
   (c) remove the coatings
   (d) help buy the right color

3.

It's the answer told by lines that stretched around schools and churches in numbers this nation has never seen, by people who waited three hours and four hours because they believed that this time must be different. It's the answer spoken by young and old, rich and poor, Democrat and Republican, black, white, Latino, Asian, Native American, gay, straight, disabled and not disabled—Americans who sent a message to the world that we have never been a collection of Red States and Blue States: we are, and always will be, _____ .

Q. **Choose the option that best completes the passage.**

    (a) the United States of America

    (b) a big country

    (c) a divided nation

    (d) the most powerful country in the world

4.

A 54-year-old man was fatally stabbed in the West Garfield Park neighborhood. The victim was quarreling with a 35-year-old woman about 1:10 a.m. in the 3700 block of West Lexington Street when she stabbed him in the chest and abdomen. The woman _____ and charges are pending in the homicide investigation. The man, identified by the Cook County medical examiner's office as Luke Delaney, was pronounced dead at Mount Sinai Hospital about 2:25 a.m.

Q. **Choose the option that best completes the passage.**

    (a) ran away

    (b) was taken into custody

    (c) pleaded not guilty

    (d) didn't have a gun

Memory and the Brain
기억과 뇌

출제 경향 파악

인간의 뇌는 기억 작용과 감각 작용을 하는 곳이다. 그중에서도 감각 작용보다는 기억 작용쪽이
출제 빈도가 더 높다. 기억은 장기 기억(long-term memory)과 단기 기억(short-term memory)
으로 나뉜다. 그중에서도 단기 기억은 잠시 전화번호를 기억하고 있다든지 하는 상태를 말하는
것으로 그 구체적인 예가 TEPS에 제법 나온다.

STEP 1 Theme Research

1.

There are two kinds of memory: short-term and long-term. Information in long-term
memory can be rec___lled at a later time when it is needed. The information may be kept
for days or weeks. Sometimes information in long-term memory is hard to remember.
Students taking exams often have this experience. In contrast, information in short-term
memory is re___ained for only a few seconds, usually by repeating the information over
and over. For example, you look up a number in the telephone book, and before you dial,
you repeat the number over and over. If someone interrupts you, you will probably forget
the number.

2.

Americans who are suffering from a terminal illness and want to end their lives can be
driven to desperate measures. Last year a woman with Al___heimer's disease flew from
Oregon to Michigan to meet a physician who had built a "suicide machine." She pulled the
switch on the machine, giving herself a lethal dose of drugs. Ideally, physicians could help
patients die painlessly and with dignity. But physicians in the U.S. are prohibited from
ad___inistering or even (in most states) simply giving a lethal dose of drugs to a suicidal
patient; withdrawal of treatment, which sometimes increases sufferings, is the only legal
option.

Translation

1. 두 종류의 기억이 있다. 하나는 단기, 하나는 장기이다. 장기 기억의 정보는 나중에 필요한 경우 다시 떠오를 수 있다. 그 정보는 며칠 또는 몇 주씩 저장될 수 있다. 장기 기억된 정보를 떠올리기 어려울 때가 이따금 있다. 시험을 보는 학생들이 자주 이런 경험을 한다. 반면에 단기 기억 속의 정보는 보통 정보를 몇 번이고 반복함으로써 몇 초 동안 유지된다. 예를 들어 전화번호부에서 번호를 찾아 다이얼을 돌릴 때까지 번호를 몇 번이고 되풀이한다. 만약 누군가가 말을 걸기라도 하면 아마도 번호를 잊어버릴 것이다.

2. 불치병을 앓고 있어서 자신의 삶을 마감하고 싶어 하는 미국인들은 위험한 수단으로 내몰릴 수 있다. 지난해에 알츠하이머병을 앓고 있는 한 여성이 오레곤에서 미시간까지 비행기를 타고 가서 '자살 기계' 를 만든 의사를 만났다. 그녀는 그 기계의 스위치를 잡아당겨 자신에게 치사량의 약을 놓았다. 이상적으로 보자면 의사들은 환자들이 고통 없이 그리고 존엄하게 죽는 것을 도와줄 수 있을 것이다. 그러나 미국의 의사들은 자살하려는 환자에게 치사량의 약을 투여하거나 (대부분의 주에서는) 그냥 주기만 하는 것도 금지되어 있다. 때때로 고통을 가중시키기도 하는 치료를 중단하는 것만이 합법적으로 할 수 있는 유일한 선택이다.

STEP 2 Words and Expressions

어구 해설

- **look up** 찾아보다
- **terminal** 불치의, 가망이 없는
- **lethal** 치사의
- **with dignity** 위엄 있게
- **suicidal** 자살하려는
- **withdrawal** 중단, 중지
- **suffering** 괴로움, 고통

POP Quiz

다음 어휘나 어구의 뜻을 빈칸에 써 넣으시오.

1. intuition　　　＿＿＿＿＿＿＿
2. cerebellum　　＿＿＿＿＿＿＿
3. potassium-rich foods　＿＿＿＿＿＿＿
4. stroke　　　　＿＿＿＿＿＿＿

ANSWER

STEP 1　1. recalled / retained
　　　　　2. Alzheimer's disease / administering

STEP 2　1. 직관　2. 소뇌　3. 칼륨이 풍부한 음식　4. 뇌졸중

**STEP 3** Clinic 오답 및 정답의 분석 ● ● ● ● ● ● ● ● ● ● ● ● ● ● ● ● ● ● ●

1.

While right-brain knowledge is useful in many physical activities, it is also crucial in a variety of purely mental activities. Intuition is a catchall word for thinking processes that we can't verbally explain. Yet if we look at the characteristics of intuition, it is obvious that we are referring to right-brain function: Intuitive judgments are not arrived at step by step, but in an instant. They typically take into consideration a large mass of data in parallel, without separately considering each factor. Finally, they cannot be explained verbally.

Q. **According to the passage, which of the following is correct about intuition?**

(a) It is useful in many physical activities only.

(b) It is arrived at in a linear fashion.

(c) It can be expressed verbally.

(d) It can deal with a large amount of data at once.

➤ **오답과 정답 분석**

정답 분석

직관적 판단은 단계적으로 이루어지는 것이 아니라 한순간에 이루어지며, 방대한 양의 자료를 각 요소별로 따로따로 고려하지 않고 동시에 고려한다는 내용으로 보아 (d)가 답이다.

오답 분석

(a) 직관이 육체적 활동에 유용한 것은 사실이지만, 거기에만 유용한 것은 아니다. 또한 only는 전형적으로 오답일 때 나오는 표현임을 유념해야 한다. (c) 직관적 판단은 말로 설명될 수 없는 것이다.

2.

Different regions of the brain have different jobs. (1) If there is any damage to the part of the brain known as Broca's area, a person will have trouble pronouncing words. (2) Similarly, if there is damage to the part of the brain called Wernicke's area, a person will have problems remembering certain words. (3) There is much that scientists still do not know about the human brain. (4) The part of the brain called the cerebellum is concerned with controlling bodily position and motion.

Q. Identify the option that does NOT belong.

(a) (1)

(b) (2)

(c) (3)

(d) (4)

오답과 정답 분석

정답 분석

윗글은 브로카의 영역, 베르니케의 영역 등 뇌 부위의 각각의 기능에 관한 글인데 (3)에서 '과학자들이 인간의 뇌에 대해 여전히 잘 모르고 있는 부분이 많다'는 내용은 윗글의 문맥과 맞지 않는다.

오답 분석

지문의 첫째 문장에서 '뇌의 갖가지 영역들은 각기 다른 기능이 있다'라고 하였으며 (1), (2), (4)는 모두 뇌의 각 영역들의 기능을 설명하고 있기에 지문의 주요 내용과 부합하므로 답이 될 수 없다.

1.

It is just about impossible to remember something when you don't care about it. Decide that you are going to be interested in the material that you intend to remember, and you will. You can begin to develop an interest by recalling what you already know on the subject. Also, an organized and structured system of studying a textbook chapter can help you develop an interest, make you pay attention to what you are learning, and keep you interested so as to remember more for a longer period of time.

Q. **What is the best title for the passage?**
(a) The Development of Interest
(b) Deciding What to Do
(c) Recalling What You Know
(d) The Need to Pay Attention to Learning

2.

A major study out recently finds that men whose diets are loaded with potassium-rich foods —including bananas, tomatoes and oranges—may be able to cut their risk of stroke by one-third. Resist the temptation to take potassium supplements though: they may be harmful, especially if you have kidney problems.

Q. **Which is correct according to the passage?**
(a) It can be good news to those people who like tomatoes.
(b) It has recently been found out that men eat potassium-loaded diets.
(c) Oranges are good for both strokes and kidney problems.
(d) Potassium supplements are not harmful to those without kidney problems.

Section Switch

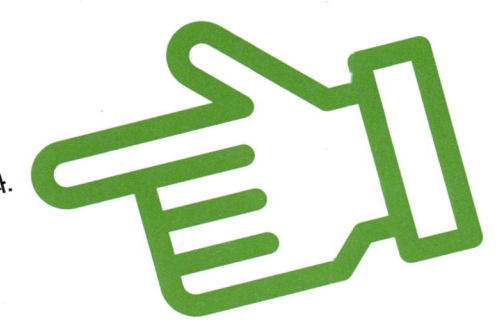

Chapter 2에 나와 있는 TEPS 필수 어휘입니다.

- ☐ abdomen 배, 복부
- ☐ anti-rollover 전복 방지
- ☐ backing 안감 (재료)
- ☐ Blue State 민주당 지지 주
- ☐ catchall 일괄하는, 포괄적인
- ☐ caterer 출장 연회업자
- ☐ cerebellum 소뇌
- ☐ charge 혐의
- ☐ crash 충돌
- ☐ deadly 치명적인
- ☐ dire straits 곤경
- ☐ dominate 지배하다
- ☐ feel 분위기
- ☐ get an earful from ~로부터 잔소리를 듣다
- ☐ homicide 살인
- ☐ in an instant 눈 깜짝할 사이에, 즉시
- ☐ inaugural 취임(식)의
- ☐ in parallel 병행으로, 동시에
- ☐ intuition 직관
- ☐ kidney 신장
- ☐ medical examiner 검시관
- ☐ no doubt 필시, 아마도
- ☐ pending 미결정의, 현안의
- ☐ penetrate 스며들다, 침투하다
- ☐ potassium 칼륨
- ☐ pronounce 공식으로 발표하다, 선고하다, 발음하다
- ☐ recall 상기하다, 생각해내다
- ☐ recipe (요리의) 조리법
- ☐ Red State 공화당 지지 주
- ☐ replica 모사, 복제
- ☐ size up 평가하다, 판단하다
- ☐ stab 찌르다, 찔러 죽이다
- ☐ stain 얼룩
- ☐ straight 동성애자가 아닌

- ☐ strip down 니스·페인트 등을 벗겨내다
- ☐ structured 구조화된
- ☐ swallow 삼키다
- ☐ take ~ into custody ~을 구속[체포]하다
- ☐ Treasury Secretary 재무 장관
- ☐ varnish 니스, 광택제
- ☐ verbally 말로, 구두로

Chapter 3

Chapter 3

Type A _ 유형별 Approach
Part I 빈칸 넣기: 연결사 찾기

STEP 1 Pattern Study

유형별 빠른 풀이법

연결사 문제는 문장에서 제일 중심이 되는 연결사를 물어보는 문제로 다음과 같이 푼다.

1. 연결사가 있는 부분은 제일 중요한 주제문에 해당한다는 사실을 일단 주지한다.
2. 그래서 빈도수가 가장 높은 부분으로는 역접, 즉 but이나 however 등이 제일 많이 나온다는 것을 명심한다.
3. 그런 경우에 해당하지 않을 때는 서술의 방향을 체크해서 빨리 합당한 연결사를 찾되 그 기본은 순접적인 연결인지 역접적인 연결인지를 파악하는 것이 중요하다.

Sample

The U.S. could face billions of dollars in trade sanctions for failing to scrap illegal subsidies paid to American cotton growers. The World Trade Organization ruling is a victory for Brazil's cotton industry and for West African states which say the payments harmed their producers. Brazil hailed the ruling, saying U.S. subsidies had hit world prices, hurting farmers in Brazil and elsewhere. _____ U.S. officials believe the payments comply with international trade rules. Washington is expected to make an appeal against the ruling.

Q. **Choose the option that best completes the passage.**

    (a) Though
    (b) But
    (c) Therefore
    (d) Accordingly

 풀이 적용

1. 연결사 문제는 역접이 상당 부분을 차지한다는 것을 유념하며 앞뒤 문맥을 점검한다.
2. 보조금이 부정적인 영향을 미쳤다고 하는 브라질의 입장과 보조금이 정당하다고 믿는 미국의 입장이 빈칸을 기준으로 앞뒤에 배치되어 있으므로 격접이 오는 것이 무난하다.
3. 결론적으로 but를 찾아내되 그렇지 않은 흐름으로 간다면 다른 접속사를 끌어오는 가능성에 대해서도 검토해야 한다.

1.

The blow came toward the end of a tense first round. For much of that round, the two men measured each other and grappled while standing on the ropes. _____, for a few moments, Arlovski pressed the action. With Fedor Emelianenko backed into his own corner, Arlovski went airborne with a flying kick. Seeing an opening, Fedor let loose with a right hand that caught Arlovski's bearded face flush. Knockout.

Q. Choose the option that best completes the passage.

    (a) However

    (b) Finally

    (c) Then

    (d) On the other hand

2.

An Australian couple has hopefully learned to keep cocaine away from their cat. An eight-month-old cat was taken to a vet in Sydney after accidentally being locked in a cupboard overnight. The cat was jittery, anxious and had trouble walking. The cat's owner insisted the feline hadn't been exposed to any drugs or possible poisons. _____, when the vet called the owner's wife, she said the cat may have licked the plates of cocaine that had been served two days earlier at a dinner party.

Q. Choose the option that best completes the passage.

    (a) In the end

    (b) However

    (c) Instead

    (d) To make matters worse

1.

The blow came toward the end of a tense first round. For much of that round, the two men measured each other and grappled while standing on the ropes. _____, for a few moments, Arlovski pressed the action. With Fedor Emelianenko backed into his own corner, Arlovski went airborne with a flying kick. Seeing an opening, Fedor let loose with a right hand that caught Arlovski's bearded face flush. Knockout.

Q. **Choose the option that best completes the passage.**
(a) However
(b) Finally
(c) Then
(d) On the other hand

오답과 정답 분석

정답 분석
윗글은 도전자 알로프스키와 챔피언 에밀리아넨코 표도르의 종합격투기 경기 상황을 순차적으로 설명하고 있는 글이다. 따라서 빈칸의 접속사는 순차적인 의미를 가진 then이 적합하다.

오답 분석
(a) However는 역접의 접속사이고, (b) Finally는 결론을 도출할 때 이용하며, (d) On the other hand는 내용의 전환에 사용되기에 순차적인 과정을 설명할 때 사용하기엔 적합하지 않다.

2.

An Australian couple has hopefully learned to keep cocaine away from their cat. An eight-month-old cat was taken to a vet in Sydney after accidentally being locked in a cupboard overnight. The cat was jittery, anxious and had trouble walking. The cat's owner insisted the feline hadn't been exposed to any drugs or possible poisons. _____, when the vet called the owner's wife, she said the cat may have licked the plates of cocaine that had been served two days earlier at a dinner party.

Q. **Choose the option that best completes the passage.**
(a) In the end
(b) However
(c) Instead
(d) To make matters worse

오답과 정답 분석

정답 분석

빈칸 앞에서는 '고양이가 어떠한 약물이나 독극물에도 노출되지 않았다고 주장했다' 고 하였지만 빈칸 뒤에서는 '고양이가 이틀 전 디너 파티에서 제공되었던 코카인 접시를 핥았을지도 모른다' 고 하는 상반된 내용이기에 빈칸에는 역접의 접속사인 however가 들어가야 한다.

오답 분석

결론을 도출하는 (a) In the end나 '~대신에' 의 뜻을 가진 (c) Instead, 그리고 '설상가상' 의 뜻을 가진 (d) To make matters worse는 빈칸에 어울리지 않는다.

1.

Conventionally, portable players, typical of which is Walkman (a trade name of Sony Corporation), have been widely used for listening to music by connecting them to headphones. With recent developments, musical information can be sent by radio from players to headphones with the use of infrared light. Infrared-light communication is limited as far as outdoor use, as it does not function well in natural light. It is also possible that musical information be distributed by radio other than infrared light. The current technologies, however, cannot assure high-sound-quality transfer. _____, there have been demands for a technology which allows high-sound-quality transfer by radio even outdoors.

Q. **Choose the option that best completes the passage.**
  (a) However
  (b) Therefore
  (c) By the way
  (d) As a matter of fact

2.

Summer offers a perfect time for kids to learn about the joys of putting in a good day's work. Work can also help a child learn about money—how to make it, how to spend it, and how to invest it. The best way to learn anything is to make it fun. So you can help your children find the "right" jobs by talking to them about what they like to do. Keep in mind that grandparents tend to be prime customers for kids looking to help out and earn some extra cash. _____ can they spend more time together, they can help each other in the process.

Q. **Choose the option that best completes the passage.**
  (a) Hopefully
  (b) In short,
  (c) For example,
  (d) Not only

3.

The advantage is shifting to buyers in many previously high-flying housing markets, as homes take longer to sell and prices level off or begin to fall. Modest annual declines have been seen in cities such as San Diego, Boston, Las Vegas, Phoenix and Honolulu, according to first-quarter data on existing single-family homes compiled by the National Association of Realtors. _____, price gains of just 1.4 percent or less were reported in New York, Chicago and Washington, D.C. Those numbers have left many people trying to "time" the market to take advantage of the slump. But experts said that can be risky because there is little consensus on how long the current doldrums might last.

Q. **Choose the option that best completes the passage.**
   (a) Meanwhile
   (b) Nevertheless
   (c) Although
   (d) To sum it up

4.

A traffic accident involving a commercial truck, such as an eighteen-wheeler or other large freight carrier, can be much more catastrophic than an ordinary car accident. A typical fully-loaded large commercial truck can weigh 80,000 pounds or more, _____ an average passenger automobile weighs approximately 3,000 pounds. Because of this size disparity, and due to the basic laws of physics, any collision between a commercial truck and another vehicle is likely to result in serious, even fatal, injuries.

Q. **Choose the option that best completes the passage.**
   (a) while
   (b) since
   (c) for example
   (d) but

Characteristics of Animals
동물의 습성

출제 경향 파악

인간의 입장에서 부정적인 느낌을 주는 동물이 있다. 고릴라(gorilla) 같은 동물은 킹콩이라는 이미지에서도 느끼는 것처럼 폭력적(violent)이고 인간에게 해를 입힐 것 같은 느낌을 준다. 그러나 실상은 그렇지 않다. 박쥐(bat)도 마찬가지이다. 특별히 해를 주는 것이 없는데도 우리는 그런 선입견을 가지고 보게 된다. 반대로 올빼미(owl)는 겉으로는 똑똑해 보여도 실상은 그렇지 않다. 이것이 인간의 근거 없는 선입견이다. 따라서 TEPS에서 이들 동물에 대한 이야기가 나오면 우리가 아는 것과 다른 본래의 속성에 대한 이야기가 나온다.

STEP 1 Theme Research

1.

Snakes are beneficial to humanity. None of them are ve___etarians and they do not attack crops or plantings. Their major sources of food are the mice and rats that pla___ue our communities. So ultimately they can be quite useful to us. This means that the misconception we have had was utterly false.

2.

Bats are not dirty, bloodthirsty monsters as portrayed in vampire films. These winged mammals groom themselves carefully like cats and only rarely carry rabies. Of hundreds of species of bats only three rely on blood meals. In fact, the majority eat fruit, insects, spiders, or small animals; some species gather nectar and pollen from flowers. The environmental benefits of bats are myriad. They consume an enormous number of pe___ts, pollinate many varieties of plant life, and help reforest huge tracts of barren land by excreting millions of undigested seeds. Living models for radar and sonar, almost all bats use ech___location to navigate, especially at night. As they fly, they emit sound.

Translation

1. 뱀은 인간에게 이롭다. 어떤 뱀도 채식주의자가 아니어서 농작물과 식물을 공격하지 않는다. 그들의 주요 식량원은 인간 공동체를 괴롭히는 생쥐와 들쥐이다. 그래서 궁극적으로 뱀은 우리에게 상당히 유익할 수 있다. 이것은 우리가 가지고 있던 오해가 완전히 틀렸다는 것을 의미한다.

2. 박쥐는 흡혈귀 영화에서 묘사된 대로 더럽고 피에 굶주린 괴물이 아니다. 이 날개 달린 포유류는 고양이처럼 세심하게 몸단장을 하고 거의 공수병을 옮기지 않는다. 수백 종의 박쥐 중에서 단지 3종류만 피를 주식으로 한다. 사실 대다수는 과일, 벌레, 거미 등등의 작은 동물들을 먹는다. 일부 종류는 꽃으로부터 과즙과 꽃가루를 모은다. 환경에 있어 박쥐의 장점은 매우 많다. 박쥐는 엄청난 수의 병균을 없애고 다양한 식물들을 수분시키며 수백만 개의 소화되지 않은 씨들을 배출해서 광대한 황무지를 다시 숲으로 만들게 도와준다. 레이더와 수중 음파 탐지기의 살아 있는 모델인 거의 모든 박쥐들은 반향 정위를 사용하여 방향과 거리를 잡는데 밤에는 특히 그렇다. 그들은 날면서 소리를 낸다.

STEP 2 Words and Expressions

어구 해설

groom 몸단장을 하다
rabies 광견병, 공수병
evasive 도피하는, 빠져나가는
pollen 꽃가루, 화분
myriad 수많은, 무수한
pollinate 수분시키다
excrete 배설하다, 분비하다
sonar 수중 음파 탐지기
emit (소리를) 내다

POP Quiz

다음 어휘나 어구의 뜻을 빈칸에 써 넣으시오.

1. weird myth _____
2. owl _____
3. hawk _____
4. vampire _____

ANSWER

STEP 1   1. vegetarians / plague
　　　　　 2. pests / echolocation

STEP 2   1. 기이한 신화 2. 올빼미 3. 매 4. 흡혈귀

STEP 3 Clinic 오답 및 정답의 분석 · · · · · · · · · · · · ·

1.

Hawks are generally regarded as ruthless enemies of the farmer and are often condemned to be shot on sight. But as a rule, hawks are the farmer's friend, for they feed on rats, mice, locusts and other pests. There are many tall tales about nature which _____. There is the belief that birds always return to the same nest each spring, but, according to scientists, this is not true. Again, owls have been called the wisest of birds, perhaps because of their solemn expressions, but there is no scientific evidence to vouch for such wisdom.

Q. Choose the option that best completes the passage.

    (a) give us a great amount of wisdom

    (b) are widely believed but without scientific basis

    (c) can be applied to our daily life

    (d) are unscientific but necessary to our lives

오답과 정답 분석

정답 분석

빈칸 바로 뒤에 나온 내용이 새에 관한 근거 없는 생각을 소개하는 부연 또는 예시이다. 따라서 빈칸에는 과학적 근거도 없이 널리 믿어지는 자연 속 이야기에 대한 내용이 들어가야 한다.

오답 분석

빈칸 뒤에서 사람들의 기존 인식이 진실이 아니라고 하였기에 (a) 많은 지혜를 준다는 것은 어울리지 않으며, (c) 일상 생활에 적용되어서도 안 되고, (d) 우리의 삶에 필요하지도 않다.

2.

Despite all the atrocities falsely attributed to it, the gorilla is essentially a peace-loving creature that would rather retreat than fight except when its life is threatened and retreat is impossible. In the wild, it has never been seen eating meat although some have learned to do so in captivity. Nor do gorillas seem to drink water in the wild; they apparently get enough moisture they need from their diet of greenery and fruit.

Q. How have gorillas been often wrongly accused?
   (a) Of being unable of protect themselves
   (b) Of being afraid to fight
   (c) Of being obviously greedy
   (d) Of being ferociously aggressive

오답과 정답 분석

정답 분석

윗글의 첫 부분에서 고릴라가 흉포한 동물로 잘못 인식되고 있지만 실제로는 평화를 사랑하는 동물로서 사람들의 일반적인 인식과는 전혀 다르다는 것이 필자의 주장이다. 따라서 (d)가 답이 된다.

오답 분석

(a) 자신을 방어하지 못한다거나 (b) 싸움을 두려워한다든지 (c) 굉장히 탐욕적이라는 서술은 지문에 언급되어 있지 않다.

1.

Bats have been the subject of some pretty weird myths and superstitions, but even the most imaginative folklore cannot match the facts. The more we learn about these nocturnal insectivores, the more amazing they prove to be. Their most unique accomplishment is their ability to fly, for in all the world there is no other mammal with this gift. Flying squirrels can glide, of course, but they are not capable of true, sustained flight. To say that a bat flies by waving its hands is not stretching the truth. A close look at its wing will reveal a framework of delicate bones that correspond almost perfectly to those of the human arm and hand, in arrangement if not in proportions. The hind feet are small, little more than hooks for hanging head downward from a perch or rough surface.

Q. **What is the title of the passage?**
(a) Flying Squirrels, the Friend of the Bat
(b) Superstitions about Bats
(c) How Bats Clean Their Young
(d) Characteristics of Bats

2.

Bats are most active in the half-light of evening, though some species occasionally venture out during the day. Bats have notoriously poor eyesight but employ a form of sonar to locate their insect prey. In flight the bat emits a continuous stream of high-frequency squeaks that are inaudible to the human ear. The echoes that bounce off nearby objects instantly reveal the distance, size and nature of the objects so perfectly that the animal cannot only zero in on small insects but can also avoid colliding with twigs, wires and foliage while doing so. _____ popular belief, bats are almost completely harmless. They do not carry bedbugs nor entangle themselves in women's hair. Tropical bats, especially the blood-eating vampires, are common carriers of rabies, but in the north this danger is almost nonexistent. Left alone, they're happy to go about their business of sweeping the evening sky clear of insects.

Q. **Choose the option that best completes the passage.**
(a) Contrary to
(b) In the end
(c) After all
(d) Even though

- [ ] accidentally 우연히, 뜻밖에
- [ ] accomplishment 성취, 재주
- [ ] a good day's work 꼬박 하루가 걸리는 일
- [ ] airborne 공중에 떠서
- [ ] assure 보증하다, 보장하다
- [ ] atrocity 흉악, 잔인
- [ ] attribute A to B A라는 성질이 B에게 있다고 생각하다
- [ ] be condemned to ~할 운명이다
- [ ] bedbug 빈대
- [ ] billion 10억
- [ ] catastrophic 파멸의, 비극적인
- [ ] collision 충돌
- [ ] comply with ~에 따르다
- [ ] compile 집계하다
- [ ] consensus 일치된 의견, 합의
- [ ] correspond to 일치하다, 부합하다, 상응하다
- [ ] disparity 상이, 격차
- [ ] distribute 살포하다, 배포하다
- [ ] doldrums 침체
- [ ] entangle oneself in ~에 빠지다, 말려들다
- [ ] feline 고양이
- [ ] flush 붉게 물들이다
- [ ] foliage 무성한 잎
- [ ] folklore 민간전승(傳承)
- [ ] framework 틀, 구조
- [ ] grapple 맞붙어 싸우다
- [ ] greenery 녹색 식물[잎]
- [ ] hail 환영하다
- [ ] high-flying 고가의
- [ ] in captivity 사로잡혀, 감금되어
- [ ] infrared 적외선(의)
- [ ] insectivore 식충 동물
- [ ] jittery 신경과민의

- [ ] knockout KO
- [ ] level off 안정되다
- [ ] locust 메뚜기
- [ ] make an appeal against ~에 대해 항소하다
- [ ] nocturnal 야행성의
- [ ] pest 해충
- [ ] proportions 크기
- [ ] retreat 퇴각, 도망(치다)
- [ ] ruling 판결, 결정
- [ ] ruthless 무자비한
- [ ] sanction 제재, 처벌
- [ ] scrap 폐기하다
- [ ] solemn 엄숙한, 근엄한
- [ ] squeak 찍찍 우는 소리
- [ ] stretch the truth 진실을 왜곡하다
- [ ] subsidy 보조금
- [ ] tall tale 터무니없는 이야기, 믿기 어려운 사실
- [ ] twig 작은 가지
- [ ] vouch 증명하다, 입증하다
- [ ] zero in on ~에 목표를[초점을] 맞추다

Chapter 4

Chapter 4

Type A _ 유형별 Approach
Part II 제목이나 대의 찾기

STEP 1 Pattern Study

유형별 빠른 풀이법

제목이나 대의는 전체를 다 읽어야 하는 부담이 있지만 다음과 같이 풀면 빨리 풀 수 있다.

1. 빠른 시간 내에 주제를 찾으려면 주제가 되는 내용을 가져오는 표현을 빨리 찾아내야 한다.
2. 주제가 되는 표현은 역접의 접속사 뒤가 될 수도 있고, 권위자나 연구 결과를 발표하는 부분에서 주제 의식이 부각될 수도 있다.
3. 답을 찾고도 시간에 여유가 있다면 그 주제대로 글이 써졌는지 다시 검토해보도록 한다.

Sample

A substance that works by blocking cancer's growth is effective in mice and soon will be tested in humans, according to researchers at UC San Francisco. The study shows that the compound interrupts the cancer cells' ability to grow and divide. The discovery is based on the knowledge that a kinase (a molecule that sends signals to proteins in the body) is central to the ability of cells to grow. But cancer takes advantage of that signal to promote its own growth. The drug, dubbed TORKinib, completely blocks the growth signal cycle while other medicines only partially block the cycle.

Q. **What is the passage mainly about?**

(a) A molecule that sends signals to proteins in the body
(b) A substance that stops cancer's growth
(c) Growth signal cycle of tumors
(d) The new drug can be used to treat a range of cancers

풀이 적용

1. 큰 무리가 없는 한 제일 앞 문장에서 제시한 암의 성장을 저지시키는 물질에 대한 내용이 주제일 것이라고 추단한다.
2. according to researchers라는 표현으로 보아 특히 이 문장이 주제문일 것이라는 심증을 굳힌다.
3. 그 후의 서술로 암 억제 물질에 대한 내용임을 재확인한다.

STEP 2 Clinic 도전 실전 문제

1.

Three-quarters of a million Americans had liposuction last year, removing millions of pounds of fat that was simply tossed out, fat that Michael Longaker says could be put to much better use. Previous research shows that certain fat cells can be coaxed to turn into other tissue, including skin and bone. Longaker, a biologist and pediatric surgeon at Stanford University Medical Center, figured these multi-potent cells—a kind of stem cell— might be useful for treating bone fractures and defects.

Q. What is the topic of the passage?

    (a) Problems caused by fat

    (b) The problem of liposuction

    (c) Treating bone fractures using liposuction

    (d) Treating bone fractures using fat cells

2.

Perforated shells discovered in a limestone cave in eastern Morocco are the oldest adornments ever found and show humans used symbols in Africa 40,000 years before Europe, the kingdom's government said. The small oval Nassarius mollusc shells, some dyed with red ochre, were probably pierced to be strung into necklaces or bracelets 82,000 years ago.

Q. What is the passage mainly about?

    (a) Nassarius mollusc shells

    (b) Shells as adornments

    (c) Necklaces or bracelets of the past

    (d) Piercing stuff in the ancient period

1.

Three-quarters of a million Americans had liposuction last year, removing millions of pounds of fat that was simply tossed out, fat that Michael Longaker says could be put to much better use. Previous research shows that certain fat cells can be coaxed to turn into other tissue, including skin and bone. Longaker, a biologist and pediatric surgeon at Stanford University Medical Center, figured these multi-potent cells—a kind of stem cell— might be useful for treating bone fractures and defects.

Q. **What is the topic of the passage?**

(a) Problems caused by fat

(b) The problem of liposuction

(c) Treating bone fractures using liposuction

(d) Treating bone fractures using fat cells

오답과 정답 분석

정답 분석
작년 수많은 미국인들이 지방 흡입 수술을 받았는데 지방 흡입 수술의 부산물로 버려지는 지방 세포를 피부와 뼈 같은 다른 조직으로 변형시켜 뼈의 골절 등을 치료할 수 있음을 설명한 글이다.

오답 분석
(a) 비만이 유발한 문제점이나 (b) 지방 흡입의 문제점 등의 내용은 없으며, (c) 지방 흡입을 이용한 뼈 골절의 치료 는 조금 앞서 나갔으며 주제가 될 수는 없다.

2.

Perforated shells discovered in a limestone cave in eastern Morocco are the oldest adornments ever found and show humans used symbols in Africa 40,000 years before Europe, the kingdom's government said. The small oval Nassarius mollusc shells, some dyed with red ochre, were probably pierced to be strung into necklaces or bracelets 82,000 years ago.

Q. What is the passage mainly about?
(a) Nassarius mollusc shells
(b) Shells as adornments
(c) Necklaces or bracelets of the past
(d) Piercing stuff in the ancient period

 오답과 정답 분석

정답 분석
윗글은 모로코 동부의 석회암 동굴에서 발견된, 유럽보다 4만 년 전에 아프리카에서 사용된 인간의 상징물, 즉 장식품으로서 세계에서 가장 오래된 조개껍데기에 관한 이야기이다.

오답 분석
(c) 과거의 장신구라고 하면 범위가 너무 넓다. (d) 고대의 구멍 뚫는 도구 자체는 윗글의 내용과 부합하지 않는다.

1.

Skimming is used to quickly gather the most important information or gist. Run your eyes over the text, noting important information. Use skimming to quickly get up to speed on a current business situation. It's not essential to understand each word when skimming. Examples of skimming: the newspaper (to quickly get the general news of the day), business and travel brochures (to quickly get informed).

Q. **What is the main idea of the passage?**

　(a) We can get detailed information through skimming.

　(b) Skimming is a way of improving eye vision.

　(c) Skimming is the way of gathering the most important information quickly.

　(d) We should read newspapers quickly.

2.

Computer experts on Monday unveiled a digital reproduction of ancient Rome as it appeared at the peak of its power in A.D. 320. Visitors to virtual Rome will be able to do even more than ancient Romans did. They can crawl through the bowels of the Colosseum, filled with lion cages and primitive elevators, and fly up for a detailed look at inscriptions atop triumphal arches. "This is the first step in the creation of a virtual time machine, which our children and grandchildren will use to study the history of Rome and many other great cities around the world," said Bernard Frischer of the University of Virginia, who led the project.

Q. **What is the main idea of the passage?**

　(a) What the ancient Romans constructed

　(b) The power of digital reproduction

　(c) The experience of ancient Rome through digital media

　(d) Learning the history of Rome and other cities through digital reproductions

3.

A technique that relates to use of a messaging sequence in a heretofore unknown manner to improve hand-off procedures that may be established between a serving mobile switching center and a target mobile switching center is provided. Specifically, the ISANSWER message is selectively sent from the serving mobile switching center to the target mobile switching center during the hand-off process. The transmission of the ISANSWER message in this manner allows the target mobile switching center to terminate ring back to a caller when the mobile station answers the call after the hard-off has been started.

Q. **What is the topic of the passage?**
    (a) Problems of mobile communication networks
    (b) A new operation of mobile communication networks
    (c) The analysis of mobile communication in the transmission of messages
    (d) A new protocol switching method between mobile communication networks

4.

Freud once noted that dreams, and therefore the unconscious, contained no concept of the negative. Since he believed the unconscious to consist solely of desire, he assigned the ability to say "no" to the conscious and the ego. Negation, Freud claimed, was the origin of intellectual judgment. Its source lay in the oldest of human impulses, the oral impulses. Beginning with such decisions as whether or not to eat something, or whether to swallow something or spit it out, the negation mechanism became, in time, able to distinguish what is real and what is not.

Q. **What is the best title for the passage?**
    (a) Freud's Negation of Traditional Psychology
    (b) The Development of Human Impulses
    (c) The Emergence of an Formative Generation
    (d) Freud's Theory of Negation

The Gap between Haves and Have-nots 빈부 격차

출제 경향 파악

불경기가 심화될수록 빈부 격차는 상대적으로 더 벌어지는 경향이 있다. 이 부분도 TEPS에서 자주 출제되는 영역이다. 빈부 격차가 벌어지는 원인도 자주 출제되지만 빈부 격차가 벌어지는 구체적인 분야가 나오기도 한다. 경제 생활 자체도 그렇지만 의료에서도 빈부 격차는 벌어진다. 특히 미국의 민영 으료 보험 정책은 빈부 격차를 더욱더 벌어지게 한다.

STEP 1 Theme Research

1.

As for the more equal dis___ribution of wealth, there is little evidence that anything of the sort has taken place. The poor have got richer, but so have the rich. The gap between rich and poor countries will also become more gla___ing in the area of medical care and social welfare.

2.

Nearly 30% of the population in poor countries are the poore___t of the poor. They are not even able to earn enough for one day's food for a big family and have to largely depend on children to earn and feed. Parents of these children are mainly illi___erate or semiliterate. They are unable to find jobs which can provide sufficient salaries. The dream of education for these children is impossible unless suitable employment opportunities are made available to at leas: one person in the family. Simply opening schools and providing books are not sufficient measures. Minimizing poverty and creation of more and more suitable jobs for parents are the only solutions to the problem of child labor.

Translation

1. 부의 좀 더 균등한 분배에 관한 한 그러한 종류의 일이 일어났다는 증거가 거의 없다. 가난한 사람들은 더 부유해지지만 부자들도 더 부유해진다. 부유한 나라와 가난한 나라 사이의 격차도 의료와 사회 복지 분야에서 더 심해질 것이다.

2. 빈곤 국가 인구의 거의 30% 정도가 극빈층이다. 그들은 대가족의 하루 끼니를 때울 수 있을 만큼의 수입도 벌지 못하고 돈을 벌고 먹고 살기 위해 아이들에게 크게 의존해야 한다. 이러한 아이들의 부모는 주로 문맹이거나 반문맹이다. 그들은 충분한 급여를 받을 수 있는 직업을 찾을 수 없다. 가족 중 최소 한 명이라도 적정한 고용 기회를 갖지 않는 한 이런 아이들에게 교육이라는 꿈은 불가능하다. 단순히 학교를 열거나 책을 제공해주는 것은 충분한 해결책이 아니다. 빈곤을 최소화하고 부모들에게 알맞은 직업을 더 많이 만들어내는 것만이 아동 노동 문제의 유일한 해법이다.

STEP 2 Words and Expressions

어구 해설

social welfare 사회 복지
semiliterate 읽기 · 쓰기를 조금밖에 못하는, 읽을 수는 있으나 쓰지 못하는
available 활용할 수 있는
minimize 최소화하다

POP Quiz

다음 어휘나 어구의 뜻을 빈칸에 써 넣으시오.

1. crushing poverty   _____
2. defacto solution   _____
3. hospitalization   _____
4. premium   _____

ANSWER

STEP 1 1. distribution / glaring
2. the poorest of the poor / illiterate

STEP 2 1. 극심한 가난 2. 사실상의 해결책 3. 병원 치료, 입원 4. 보험료

1.

More than one billion people on our planet live in crushing poverty. That's more than three times the population of the United States. The world's poorest billion drink dirty water that makes them sick. They die from diseases that are easily prevented in wealthier nations. For example, in the U.S. there are fewer than 100 reported cases of measles. In poor countries, however, thirty million people are infected, and half a million children die each year from this preventable disease. Common diarrhea is always unpleasant but rarely dangerous in the U.S. In countries that lack clean water and basic medicine, however, diarrhea kills one million kids each year.

Q. **Which of the following is NOT true?**

    (a) The U.S. population is about 300 million.

    (b) Measles is not reported these days in the U.S.

    (c) In poor countries, half a million kids die from measles annually.

    (d) Poverty plagues a lot of people on our planet.

**오답과 정답 분석**

 **정답 분석**

지문 중간에 '미국에서는 홍역이 100건이 안 되게 보고된다' 는 내용이 있다. 따라서 홍역이 보고되지 않는다는 내용은 틀리다.

오답 분석

(a) 미국 인구의 3배를 넘는 숫자가 10억이라 했으니 미국 인구는 대략 3억이 될 것이다. 지문의 half a million children die each year from this preventable disease에서 this preventable disease는 measles(홍역)를 가리키므로 (c)는 맞는 내용이다.

2.

WHO points out the growing disparity between North and South in health and life expectancy. The gap will widen with the increasing sophistication of therapeutic methods in industrialized countries and the inadequate or practically non-existent medical infrastructures in the other half of the world. Perhaps the real scandal of our present situation is that high mortality rates in certain regions may come to be seen as a defacto solution to the problem of rapid population growth. It is necessary to analyse carefully the processes, patterns and time span for world demographic transition and to study more closely its relationship with the environment.

Q. **What is the main concern of the passage?**
   (a) Economic gap
   (b) Life expectancy
   (c) Therapeutic method
   (d) Population growth

오답과 정답 분석

정답 분석

윗글의 하단에서 '세계 인구가 변화하는 과정, 유형, 기간을 주의 깊게 분석하고 그것과 환경의 관계를 더 자세하게 연구하는 것이 필요하다' 라고 했기에 윗글의 주된 소재는 '세계 인구' 이다.

오답 분석

(a) 경제적 차이, (b) 예상 수명, (c) 치료 방법은 지문에 한 번씩 언급되었을 뿐 주된 내용이 되지 못한다.

1.

The American economy now exhibits a wider gap between rich and poor than it has at any other time since World War II. The most basic reason, put simply, is that America itself is ceasing to exist as an economic system separate from the rest of the world. One can no more meaningfully speak of an "American economy" than of a "California economy." America is becoming _____.

Q. **Choose the option that best completes the passage.**
   (a) an independent economic power
   (b) a mere region of a global economy
   (c) more and more highly industrialized
   (d) richer than any other country in the world

2.

Medical bills in the United States have risen outrageously since the beginning of the 1960s and steps need to be taken to reverse this trend or the average American will not be able to afford medical care. The major factor in increasing the cost of medical care has been the dramatic increase in the cost of hospital services. The rise in the cost of hospitalization can be only partly caused by inflation since hospital bills in the last two decades have risen at a considerably higher rate than inflation. Another factor cited by doctors as a major cause for the increase in the cost of medical care is malpractice. Increasingly large awards for malpractice have caused doctors to increase their rates to cover the higher malpractice insurance premiums. Whatever the causes of the wild increases in the cost of medical care, the government needs to take strong action before it is too late for Americans.

Q. **Choose the topic that is NOT discussed in the passage.**
   (a) Steps that the government has taken to reduce high medical cost
   (b) Factors that cause the increase in the U.S. medical bills
   (c) The higher medical malpractice insurance premiums
   (d) The influence of inflation on the U.S. medical bills

- [ ] **adornment** 장식품
- [ ] **award** 손해 배상액
- [ ] **bowel** 내부
- [ ] **cease** 멈추다, 중단하다
- [ ] **coax** (물건을) 잘 다루어 뜻대로 되게 하다
- [ ] **crawl** 기어가다
- [ ] **demographic** 인구의
- [ ] **diarrhea** 설사
- [ ] **disparity** 격차, 불균형
- [ ] **dub** 이름을 붙이다
- [ ] **gist** 요점
- [ ] **glaring** 번쩍이는, 눈에 띄는
- [ ] **hand-off** 통화 채널 전환
- [ ] **heretofore** 지금까지, 이전에는
- [ ] **hospitalization** 입원, 병원 치료
- [ ] **infrastructure** 기반 시설
- [ ] **inscription** 비문
- [ ] **kinase** 키나아제《효소의 일종》
- [ ] **limestone cave** 석회동, 종유굴
- [ ] **liposuction** 지방 흡입(술)
- [ ] **malpractice** 의료 과실, 부정 치료
- [ ] **meaningfully** 의미심장하게
- [ ] **measles** 홍역
- [ ] **mobile switching center** 이동 통신 교환기
- [ ] **molecule** 분자
- [ ] **mollusc** 연체동물
- [ ] **mortality rate** 사망률
- [ ] **multi-potent** 다양한 효능이 있는
- [ ] **negation** 부정
- [ ] **ochre** 황토색
- [ ] **outrageously** 지나치게, 터무니없이
- [ ] **pediatric** 소아과의
- [ ] **perforated** 구멍이 뚫린
- [ ] **point out** 지적하다, 가리키다

- [ ] **premium** 보험료
- [ ] **reproduction** 재현, 복원
- [ ] **reverse** 바꿔 놓다, 전환하다
- [ ] **separate** 분리된, 독립된
- [ ] **sequence** 순서
- [ ] **solely** 다만, 오로지
- [ ] **sophistication** 복잡화, 정교화
- [ ] **take steps** 조치를 취하다
- [ ] **terminate** 끝내다, 마무리하다
- [ ] **therapeutic** 치료의
- [ ] **time span** 기간
- [ ] **toss out** 제거하다, 버리다
- [ ] **transition** 변화, 추이
- [ ] **triumphal arch** 개선문
- [ ] **unconscious** 무의식
- [ ] **unveil** 발표하다, 공개하다
- [ ] **virtual** 가상의

Chapter 5

Chapter 5

Type A _ 유형별 Approach
Part II 일치 불일치 찾기

STEP 1 Pattern Study

유형별 빠른 풀이법

일치 불일치 문제는 시간이 가장 많이 걸리는 문제 유형이기는 하지만 다음과 같이 풀면 빨리
풀린다.

1. 빠른 속도로 지문을 읽고 대략적 대의를 파악한다.

2. (a), (b), (c), (d)에서 묻고 있는 것을 긍정 또는 부정의 시각으로 지문에서 찾아낸다.

3. 주로 오답이나 정답으로 나오는 전형적인 표현에서 힌트를 찾으려고 노력한다.

Sample

Prime Minister Gordon Brown has said the UK will make "no apologies" for expelling four Russian diplomats. The decision follows Moscow's refusal to hand over the former KGB agent accused of murdering Alexander Litvinenko in London. Brown said that because "there is no forthcoming cooperation, then action has to be taken." The Kremlin said the decision was "immoral" and warned of "serious consequences" for the UK. Former KGB agent Litvinenko died of exposure to radioactive polonium-210 in London in November 2006. But Moscow has refused to extradite the main suspect, Andrei Lugovoi, who denies involvement.

Q. **Which of the following is correct according to the passage?**

(a) Gordon Brown expressed his regret for dismissing Russian diplomats.

(b) Russia decided to extradite Andrei Lugovoi to London.

(c) Russia was upset about the U.K.'s decision.

(d) Litvinenko had died due to the use of a nuclear weapon.

 풀이 적용

1. 대략적 대의는 영국 내 스파이 사건에 대하여 러시아가 불쾌감을 표시한 것이다.

2. 당사자인 영국과 러시아를 중심으로 (a), (b), (c), (d)를 어떤 시각으로 보는지 분석한다

3. 이 문제에서는 과격한 표현, 즉 only라든지 absolutely와 같은 표현이 없기에 대상이 되는 명사 위주로 파악한다.

STEP 2 Clinic 도전 실전 문제

1.

The decade's biggest blockbuster *The Dark Knight* can become the first superhero movie to be nominated for an Oscar for best film when the Academy announces the nominations for the 81st Annual Academy Awards. The acclaimed Batman adventure has been developing a lot of momentum lately especially with its nominations for the Directors Guild of America Award. At least one "Knight" nomination is all but certain—best supporting actor for the late Heath Ledger, who died a year ago of an overdose of prescription pills.

Q. **Which of the following is correct about the article?**
(a) *The Dark Knight* won the Oscar for best film.
(b) The supporting actor, Heath Ledger, died from misuse of prescription pills.
(c) The most probable winner featured in *The Dark Knight* is the leading actor of the film.
(d) *The Dark Knight* was nominated as best film for the Academy Awards.

2.

Bill sponsor Rep. Brian Blake said he has long pushed for 14 to be the minimum age requirement for hunting alone. Since 1994, Washington state has allowed children to hunt without adult supervision as long as they are licensed and have completed a hunting-safety course. Blake said the measure was prompted by last year's fatal shooting of a hiker in Skagit County at the hands of a 14-year-old hunter who mistook her for a bear. Blake believes that if young hunters were required to spend more time hunting alongside adults before they turned 14, they would be better prepared for what to expect in the wilderness.

Q. **Which of the following is correct according to the passage?**
(a) Brian Blake used to hunt alongside his father.
(b) Even though a teenager has a hunting license, he cannot hunt alone under Washington state law.
(c) While a teenager hunter was hunting, he shot a hiker.
(d) Blake thinks there are no problems if teenagers hunt with adults no matter how old they are.

1.

The decade's biggest blockbuster *The Dark Knight* can become the first superhero movie to be nominated for an Oscar for best film when the Academy announces the nominations for the 81st Annual Academy Awards. The acclaimed Batman adventure has been developing a lot of momentum lately especially with its nominations for the Directors Guild of America Award. At least one "Knight" nomination is all but certain—best supporting actor for the late Heath Ledger, who died a year ago of an overdose of prescription pills.

Q. **Which of the following is correct about the article?**
(a) *The Dark Knight* won the Oscar for best film.
(b) The supporting actor, Heath Ledger, died from misuse of prescription pills.
(c) The most probable winner featured in *The Dark Knight* is the leading actor of the film.
(d) *The Dark Knight* was nominated as best film for the Academy Awards.

 오답과 정답 분석

 **정답 분석**
윗글에서 히스 레저는 〈다크 나이트〉에서 조연 배우로 출연했기 때문에 (b) 조연 배우 히스 레저는 약물 과용으로 숨졌다는 내용이 옳다.

오답 분석
(a) 윗글은 내용으로 보아 아직 오스카상 수상자가 결정되지 않았던 시점에서 작성된 글이다. (c) 지문에 고(故) 히스 레저의 최우수 조연상 후보 지명은 거의 확실해 보인다는 내용이 있다.

2.

Bill sponsor Rep. Brian Blake said he has long pushed for 14 to be the minimum age requirement for hunting alone. Since 1994, Washington state has allowed children to hunt without adult supervision as long as they are licensed and have completed a hunting-safety course. Blake said the measure was prompted by last year's fatal shooting of a hiker in Skagit County at the hands of a 14-year-old hunter who mistook her for a bear. Blake believes that if young hunters were required to spend more time hunting alongside adults before they turned 14, they would be better prepared for what to expect in the wilderness.

Q. **Which of the following is correct according to the passage?**

(a) Brian Blake used to hunt alongside his father.

(b) Even though a teenager has a hunting license, he cannot hunt alone under Washington state law.

(c) While a teenager hunter was hunting, he shot a hiker.

(d) Blake thinks there are no problems if teenagers hunt with adults no matter how old they are.

오답과 정답 분석

정답 분석

(c) 스카짓 카운티에서 등산객이 그녀를 곰으로 착각한 14세 사냥꾼의 손에 치명적인 총상을 입은 사건으로 인해 자극을 받아 만들어진 것이 10대들이 혼자 사냥하는 것을 제한하는 법안이다.

오답 분석

(a) 브라이언 블레이크가 아버지와 같이 사냥했었다는 내용은 없다. (b) 1994년 이래로 워싱턴 주는 아이들이 허가를 받고 사냥 안전 과정을 이수하는 한 어른의 감독 없이 사냥을 할 수 있도록 허락해왔다.

1.

Daydreaming might feel like the ultimate waste of time, but it's just the opposite. Recent research from Dartmouth College suggests that during daydreaming, your brain may actually be processing important issues that aren't relevant at that immediate moment—anything from strategizing about tonight's dinner to wondering about your kid's mysterious bug bite. So forgive yourself for spacing out during that boring PTA meeting: Though you may not even be aware of it, you've got other things on your mind.

Q. **Which of the following is correct according to the passage?**

    (a) Kids worry about bug bites when daydreaming.

    (b) People worry about dinner while daydreaming.

    (c) Daydreaming is just waste of time.

    (d) People think about important things while daydreaming.

2.

Ron Harper started working for Allstate Insurance Company in 1989 after 22 years in the grocery business. As a representative of the insurance giant, Harper had an enviable future retirement, with a 401(k), generous pension program and health insurance for himself and his wife. But when the company restructured its employment policies, Harper and more than 6,000 fellow agents found most of their benefits had slipped through their fingers. Although he still sold Allstate Insurance, he was no longer considered a company employee. Instead, he and the others were reclassified as "independent agents," and they lost their company pension plan and post-retirement medical insurance benefits.

Q. **Which of the following is correct according to the passage?**

    (a) Ron Harper is still selling insurance service while being a grocery business owner.

    (b) Ron Harper has been working as an independent agent since 1989.

    (c) Ron Harper is the only one that lost most of his benefits from the company.

    (d) Harper found most of his benefits had slipped through his fingers due to the restructuring of employment policies.

3.

Parents have used them as booster chairs for children. Marksmen have fired at them for target practice. And musclemen have ripped them in half as a show of strength. But the fat phone book, a fixture of the urban American household in the last century, is losing some of its girth as more people give up their landlines for cell phones. When they do, their names disappear from the phone book. In Manhattan, the population in recent years has been growing at an annual rate of about 10,000 people, to about 1.6 million residents now. But the 2007 Verizon White Pages was 142 pages smaller than the 2006 edition.

Q. **Which of the following is correct according to the passage?**
 (a) Gunmen have used their guns only to shoot phone books.
 (b) Phone books have increased in size.
 (c) The phone book was a fixture in American households.
 (d) Many names have been added to phone books.

4.

Japan's economy outperformed both the United States and the euro zone in January-March for the second straight quarter, reinforcing expectations that the Bank of Japan will raise rates in August. The economy expanded by 0.8 percent in January-March from the previous quarter, revised up from an initial reading of 0.6 percent on robust growth in capital spending. The headline figure matched economists' forecasts, although consumption was revised down slightly from the initial reading. On an annualized basis, gross domestic product grew 3.3 percent, up from a preliminary reading of a 2.4 percent rise, the government said on Monday. That was slightly higher than a consensus forecast for a revision to 3.1 percent.

Q. **Which of the following is correct according to the passage?**
 (a) Japan's gross domestic product grew 2.4 percent.
 (b) Japan's consumption growth in January-March was smaller than expected.
 (c) It is expected that the Bank of Japan will lower rates.
 (d) Japan's gross domestic product matched the initial forecast.

Cancer 암

출제 경향 파악

암(cancer)은 원래 canker라는 라틴어 '게' 에서 유래했다고 한다. 이는 암으로 부풀어 오른 여성의 유방을 비유적으로 말하는 표현이다. 암은 전 세계적으로 사람들에게 가장 공포의 대상이 되는 병이다. TEPS에는 주로 각종 암이 생기는 원인과 그 치료법, 특히 예방에 대한 내용들이 자주 출제된다.

STEP 1 Theme Research

1.

Smoking damages almost all aspects of sexual, reproductive and child health, a hard-hitting report by the British Medical Association said on Wednesday. The report estimated around 120 000 men aged 30-50 were impotent because of smoking. The BMA called on the government to ramp up its anti-smoking drive and introduce legislation to make enclosed public places smoke-f___ee. Women who smoke are twice as likely to be infertile as non-smokers, the report said. Furthermore, smoking is linked to up to 5,000 miscarriages a year and around 1,200 cases of malignant cer___ical cancer.

2.

People fear cancer because it is often fatal, but they also fear it because it can cause a___ute pain. Tumors, as they grow, press against sensitive nerves and organs and a cancer, if it metas___asizes, may reach pain-sensitive areas in other parts of the body. Up to 90 percent of ter___inally ill cancer patients suffer substantial pain before they die. As a result, cancer specialists are now looking almost as hard for better ways to combat physical and psychological sufferings as they are for a cure for the disease itself. More effective methods of pain control have grown out of a better understanding of the neurological mechanism of pain.

Translation

1. 흡연은 성과 생식에 대한 건강, 아이의 건강과 같이 거의 모든 면에 피해를 준다는 영국 의학 협회의 충격적인 보고서가 수요일 발표되었다. 이 보고서는 30-50세의 약 12만 명의 남성이 흡연 때문에 발기불능이라고 추정했다. BMA는 정부에게 금연 운동을 강화하고 밀폐된 공공장소를 금연 구역으로 지정하는 법을 도입할 것을 촉구했다. 그 보고서는 흡연 여성은 비흡연 여성보다 불임이 될 확률이 2배 더 많다고 말했다. 게다가 흡연은 연간 5,000건의 유산과 약 1,200건의 악성 자궁 경부암과 관련이 있다.

2. 사람들은 암이 흔히 치명적이기 때문에 두려워한다. 그러나 심한 통증을 유발할 수 있기 때문에 암을 두려워하기도 한다. 종양이 자라면서 민감한 신경과 기관에 압박을 가하고 암은 퍼지게 되면 다른 신체 부위의 고통에 민감한 부분에 퍼질 수 있다. 말기 암 환자 중 90% 정도가 사망하기 전에 굉장한 고통을 겪는다. 그 결과, 암 전문의들은 현재 암 자체의 치료법을 찾는 것만큼이나 열심히 육체적·심리적 고통에 대처하기 위한 좋은 방법을 찾고 있다. 보다 효과적인 고통 억제 방법들은 고통의 신경학적 구조를 보다 잘 이해하게 되면서 증진되어왔다.

STEP 2 Words and Expressions

어구 해설

reproductive 생식의
impotent 발기불능의
ramp up 강화하다, 끌어올리다
infertile 불임의
substantial pain 굉장한 고통
miscarriage 유산
malignant 악성의
neurological 신경학적인

POP Quiz

다음 어휘나 어구의 뜻을 빈칸에 써 넣으시오.

1. cancer　　　_____
2. breast cancer　　　_____
3. benign cyst　　　_____
4. mammogram　　　_____

ANSWER

STEP 1　1. smoke-free / cervical cancer
　　　　　2. acute pain / metastasizes / terminally ill

STEP 2　1. 암　2. 유방암　3. 양성 낭종　4. 유방암 검진

1.

Because each cancer type is fundamentally different in origin, composition, and responsiveness to treatment, reliable prevention techniques are exceedingly difficult to identify. Evidence that a certain behavior prevents cancer is difficult to confirm because the purpose of cancer prevention is to provide an outcome where nothing changes. Additionally, because cancer prevention _____, these preventative measures must be taken for many years for any results to be examined. Even if something is shown to help prevent a certain type of cancer, there is no guarantee that eating or behaving in a certain way will absolutely assure freedom from cancer development.

Q. **Choose the option that best completes the passage.**
   (a) offers the most cost-effective long-term strategy for the control of cancer
   (b) cannot usually be accomplished by a one time event
   (c) is another important approach to cancer control
   (d) needs huge efforts for most patients

오답과 정답 분석

정답 분석
빈칸 바로 뒤에서 '이러한 예방책은 어떤 결과가 조사되기에 수년이 걸린다'고 하였기에 (b) 한 번의 시도 또는 일회적인 예방으로 만족할 만한 효과를 거둘 수 없다는 것을 알 수 있다.

오답 분석
(a)의 long-term strategy라는 것이 답을 선택하는 데 혼동을 줄 수 있지만 그 앞의 cost-effective(비용 효과적인)라는 단어와 윗글과는 어떠한 연관도 없다.

2.

In the battle to defeat cancer, chemotherapy can sometimes prove fatal—or cause such intolerable side effects that it has to be halted. Now scientists have developed a simple and still experimental test that can predict just how well a patient will handle cancer drugs. Patients have their breath analyzed (by blowing into a balloon) soon after they are injected with a tiny dose of a drug that releases carbon particles while it's being broken down by the liver. Very little carbon suggests the body will be slow to metabolize cancer drugs—and that a less toxic dose may be called for.

Q. **What does the writer suggest concerning chemotherapy?**
   (a) Chemotherapy should be banned.
   (b) Chemotherapy is not wholly reliable.
   (c) One aftereffect of chemotherapy may be high blood pressure.
   (d) It has been proven that chemotherapy doesn't cause any problems.

오답과 정답 분석

정답 분석
윗글에 따르면 암을 물리치기 위한 치료에서 화학 요법은 때때로 치명적이거나 참을 수 없는 부작용을 발생시키기도 하기에 완전히 믿을 수 없으므로 조심스럽게 사용되어야 한다는 것이 필자의 주된 주장이다.

오답 분석
(a) 화학 요법을 조심스럽게 사용해야 한다고 했지 금지하자고까지 주장하지는 않았다. (c) 화학 요법과 그혈압의 상관 관계에 대한 언급은 없다. (d) 화학 요법은 많은 문제를 유발한다.

STEP 4 Actual Test

1.

Caffeine appears to have some protective effect against liver damage, Parkinson's disease, diabetes, Alzheimer's, gallstones, depression and maybe even some forms of cancer. The only proven medical downside appears to be a temporary elevation in blood pressure, which is a problem only if you already suffer from hypertension. Some studies have also suggested a higher risk of miscarriage in pregnant women and of benign breast cysts, but those results are highly controversial.

Q. **What cannot be prevented by caffeine?**
    (a) Diabetes
    (b) Bladder cancer
    (c) Alzheimer's
    (d) Gallstones

2.

The American Cancer Society issued new guidelines last week for mammograms, recommending that women in their 40s have breast cancer screenings performed annually. Old guidelines recommended mammograms every one to two years beginning at age 40, and every year beginning at age 50. A panel of experts made the new recommendation earlier this month, and the society's board of directors approved it this weekend. Annual mammograms for younger women, the panel said, should save lives—possibly as many as 10,000 in the next five years. "The current average two-year interval between mammograms may be recommended for this age group and their faster-growing cancers," said Dr. Susan Hayward, a surgeon from the University of Wisconsin Medical Center.

Q. **What is the main topic of the article?**
    (a) The recommended frequency of mammograms for women with children
    (b) The number of women who are suffering from breast cancer
    (c) The breast cancer screening guidelines
    (d) The expertise and moral standard of the board of directors

- ☐ **401(k)** 퇴직 연금의 종류
- ☐ **acclaimed** 격찬[호평]을 받은
- ☐ **additionally** 게다가
- ☐ **all but** 거의
- ☐ **alongside** ~와 함께
- ☐ **a panel of experts** 전문가 위원회
- ☐ **benign** 양성의
- ☐ **booster chair** 어린이용 키높이 의자
- ☐ **break down** 분해하다, 화학 변화를 일으키다
- ☐ **cancer screening** 암 검사
- ☐ **chemotherapy** 화학 요법
- ☐ **cyst** 포낭, 낭종
- ☐ **daydream** 공상에 잠기다
- ☐ **diabetes** 당뇨병
- ☐ **exceedingly** 대단히, 매우
- ☐ **expel** 추방하다
- ☐ **extradite** 넘겨주다, 송환하다
- ☐ **fixture** 고정물, 비품
- ☐ **gallstone** 담석
- ☐ **girth** 둘레(의 치수)
- ☐ **hand over** 넘기다, 인도하다
- ☐ **hypertension** 고혈압
- ☐ **interval** 간격
- ☐ **landline** 지상 통신선
- ☐ **mammogram** 유방암 검진
- ☐ **marksman** 사격수
- ☐ **metabolize** 물질대사로 변화시키다
- ☐ **miscarriage** 유산
- ☐ **momentum** 탄력, 여세
- ☐ **outperform** 능가하다
- ☐ **prompt** 자극하다, 촉구하다
- ☐ **reinforce** 강화하다
- ☐ **relevant** 관련된, 적절한
- ☐ **reliable** 믿을 만한

- ☐ **Rep.** 공화당원 (=Republican)
- ☐ **representative** 판매 대리인, 상담원
- ☐ **responsiveness** 반응
- ☐ **rip** 째다, 찢다
- ☐ **slip through one's fingers** 놓치다, 빠져나가다
- ☐ **space out** 공상에 빠지다
- ☐ **strategize** 전략을 짜다, 주의 깊게 계획하다
- ☐ **supporting actor** 조연
- ☐ **White Pages** (전화번호부의) 개인별 가입자란

Chapter 6

Chapter 6

STEP 1 Pattern Study

유형별 빠른 풀이법

직접적인 질문을 제시하는 문제는 다음과 같이 풀면 빨리 풀 수 있다.

1. 결국 일치 불일치 문제 유형의 변형임을 깨닫는다.

2. 해당 지문에 맞는가 안 맞는가를 빨리 파악해야 한다.

3. 문제에서 물어보는 주제에 대하여 가장 가까운 답을 찾아내어 빈칸을 넣는 심정으로 풀면 된다.

Sample

If you want to build a complete advertising plan that meets your business needs, we can bring you the results you're looking for. Our highly professional staff will be happy to assist you. To request information regarding the Seattle market or about your business category, contact our strategic research department. We'll need to know what kind of research you're looking for, as well as your name, business name, address, and the best time to contact you. A brief description of your business would also be helpful.

Q. **What is their job?**

(a) Business strategist

(b) Statistics professional on consumer needs

(c) Advertising and marketing researcher

(d) Advertising manager

➡️ **풀이 적용**

1. 그들의 일이 무엇인가라는 질문에 일치하는 답을 하면 된다는 생각으로 접근한다.

2. 주어진 지문에서 광고라든지 정보에 대한 이야기를 통해 광고 부서라는 것을 알 수 있다.

3. 좀 더 자세히는 단순한 manager가 아니라 researcher라는 것을 파악한다.

STEP 2 Clinic 도전 실전 문제

1.

The season skewing means that the hottest and coldest days of the year come about two days sooner than they did 50 years ago, according to a study of the journal *Nature*. The study also found that the difference between average winter and summer temperatures shrank in the same 50-year span, indicating winters are heating up faster than summers. The change coincides with the rise in global temperatures, which could suggest a link to human-induced global warming.

Q. **Why has season skewing been occurring?**

  (a) Due to the difference between average winter and summer temperatures
  (b) Because of human-induced global warming
  (c) Due to the diversity of ecosystems
  (d) Because the earlier the snow starts to melt, the less of a buffer we have

2.

If you're not ready to buy a more fuel-efficient car, you can still save money in a number of ways, whatever vehicle you drive. The biggest fuel savings comes not from hybrid technology but from the old standards: car pooling and public transportation. If you and just one friend trade off commuting to and from work, you cut your fuel usage by about 50 percent. No other step will save you as much money. Public transportation saves fuel, and possibly money. It also decreases congestion, which saves everyone fuel.

Q. **What is the best way to save money in transportation according to the passage?**

  (a) Driving more fuel-efficient cars like hybrid cars
  (b) Car pooling and using public transportation
  (c) Removing unnecessary items from your car
  (d) Driving your cars as fast as possible

STEP 2 Clinic 오답 및 정답의 분석 ....

1.

The season skewing means that the hottest and coldest days of the year come about two days sooner than they did 50 years ago, according to a study of the journal *Nature*. The study also found that the difference between average winter and summer temperatures shrank in the same 50-year span, indicating winters are heating up faster than summers. The change coincides with the rise in global temperatures, which could suggest a link to human-induced global warming.

Q. **Why has season skewing been occurring?**
    (a) Due to the difference between average winter and summer temperatures
    (b) Because of human-induced global warming
    (c) Due to the diversity of ecosystems
    (d) Because the earlier the snow starts to melt, the less of a buffer we have

 **오답과 정답 분석**

 **정답 분석**
지문의 하단에서 '그 변화는 인간이 야기한 지구 온난화와 연결되는 지구의 기온 상승과 일치한다' 며 계절 비대칭 의 이유에 대해 설명하고 있다.

오답 분석
(a) 겨울과 여름의 평균 기온 차는 계절 비대칭의 결과이지 원인은 아니다. (c) 생태계의 다양성은 지구 온난화를 막 을 수 있는 요인이 될 것이다. (d)는 지구 온난화의 결과로 나타나는 현상 중 하나로 지문에선 언급되지 않았다.

2.

If you're not ready to buy a more fuel-efficient car, you can still save money in a number of ways, whatever vehicle you drive. The biggest fuel savings comes not from hybrid technology but from the old standards: car pooling and public transportation. If you and just one friend trade off commuting to and from work, you cut your fuel usage by about 50 percent. No other step will save you as much money. Public transportation saves fuel, and possibly money. It also decreases congestion, which saves everyone fuel.

Q. **What is the best way to save money in transportation according to the passage?**
   (a) Driving more fuel-efficient cars like hybrid cars
   (b) Car pooling and using public transportation
   (c) Removing unnecessary items from your car
   (d) Driving your cars as fast as possible

오답과 정답 분석

정답 분석
윗글에서 연료비를 줄일 수 있는 가장 좋은 두 가지 방법이 나오는데 그것은 한 명의 친구와 같이 통근하기로 할 경우 약 50%의 연료를 절감할 수 있는 카풀과 그에 못지않게 연료를 절약할 수 있는 대중교통수단이다.

오답 분석
(a) 가장 큰 연료 절감은 하이브리드 기술이 아니라고 하였다. (c) 필요 없는 물품을 차에서 꺼내는 것이 연료 절감에 도움이 될 수 있겠지만 최선은 아니다. (d) 차를 빨리 몰면 연료가 더 빨리 소모된다.

1.

A team of developers is taking the wraps off what may be the world's greenest aviation facility, one capable of powering a Boeing 757 with solar energy while the aircraft is on the ground for maintenance. The new 60,000-square-foot structure at Bob Hope Airport in Burbank is believed to be the industry's only solar-powered airport hangar. Its rooftop photovoltaic panels provide enough juice to operate the building's lights and to recharge electric-powered ground equipment such as forklifts.

Q. **What can produce the green energy in Bob Hope Airport?**
(a) A Boeing 757
(b) Rooftop photovoltaic panels
(c) Electric-powered ground equipment such as forklifts
(d) Plug-in rechargers

2.

As a rule, short cruises are on older, less desirable ships. To get on the newer, flashier ships you need to invest at least seven days. The ideal length depends on the destination. Seven days in the Caribbean is enough, but plan on at least 10 to 14 days in Europe. A couple looking for maximum adventure and minimal frill might consider a river cruise or a small ship coastal cruise. And for families? The big ships have facilities for children that probably will keep them occupied without their going out and spending extra money.

Q. **What can be ideal for people who want lots of fun and little ostentation?**
(a) Short cruises
(b) Big ships
(c) River cruises
(d) Tall sailing ships

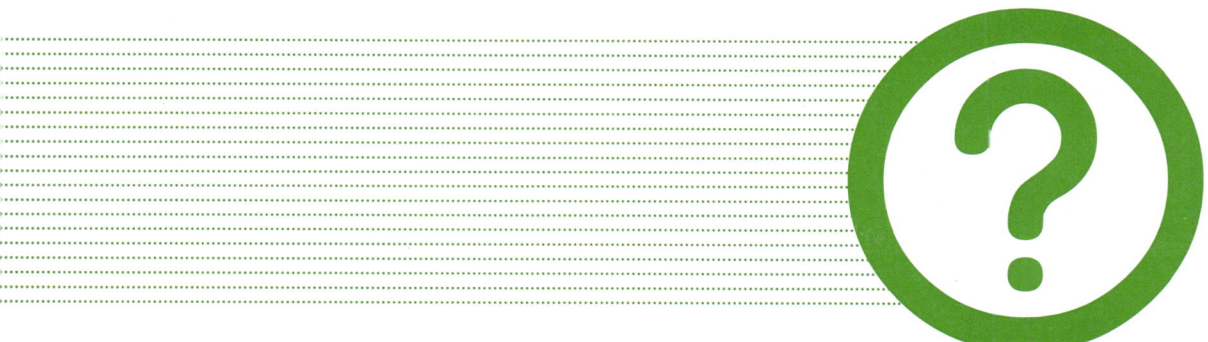

3.

Remember when Sin City was synonymous with "cheap getaway"? It seems like ages ago. After the gambling mecca became a chic adult playground, some weekend rooms in Las Vegas zoomed past $200 and into the stratosphere. No more. The economic downturn has humbled Vegas, which toward the end of 2008 was logging about 10% fewer visitors than the year before. Average hotel rates were down more than 9%.

Q. **Why has the lodging charge of Vegas been reduced lately?**
(a) Vegas can't attract tourists anymore because of the strong U.S. dollar.
(b) Because of the current economic depression
(c) People's favorite gambling mecca has moved to Atlantic city.
(d) Because of hotel's leap-off service

4.

Nearly every one of Tuluksak's roughly 500 residents is performing a perilous balancing act between food and fuel. Life in rural Alaska always has been treacherous. But last year's dramatic escalation in fuel prices, combined with a disastrous fishing season, plunged the ramshackle villages of America's frontier into one of the worst crises in decades, prompting calls for humanitarian aid and demands for pricing reform.

Q. **What is the main reason for the worst crisis of Alaskan people?**
(a) The temperature plunged to minus 40 degrees
(b) Demands for pricing reform
(c) An increase in oil prices
(d) A shortage of fishing facilities

Type B _ 테마별 Approach

Bank 은행

은행이 하는 가장 중요한 역할은 돈의 흐름을 조절하는 것이다. 또한 중요한 자금이나 고객이 맡긴 물건을 보관하는 것도 은행이 하는 역할 중 하나이다. 그래서 은행이 하는 역할에 대한 내용이 자주 출제된다. 특히 중앙은행은 지급 준비율, 시장 개입을 통해 통화량을 직접 관리하는 역할을 한다. 이 점도 TEPS의 중요 출제 사항 중 하나이다.

STEP 1 Theme Research

1.

Every bank building is very strong. It must be safe because the bank holds money for its customers. People take their money to the bank. They dep___sit the money there. They want their money to be safe. The bank keeps money and other valuable things in a safe place. In fact, the name of the special strong place for money is a s___fe. It is safe from thieves.

2.

It is the role of the Fed___ral Res___rve, known simply as the Fed, to control the supply of money in the U.S. through its system of twelve regional Federal Reserve Banks, each with its own Federal Reserve District Bank. Many commercial banks belong to the Federal Reserve System and as members must follow the Fed's reserve requirements, a ruling by the Fed on the percentage of deposits that a member bank must keep either in its own va___lts or on deposit at the Fed. If the Fed wants to change the money supply, it can change reserve requirements to member banks; for example, an increase in the percentage of deposits required to be kept on hand would reduce the available money supply. Member banks can also borrow money from the Fed, and an additional way that the Fed can control the money supply is to raise or lower the discount rate, the interest rate at which commercial banks borrow from the Fed. In addition to using reserve requirements and the discount rate to control the money supply, the Fed has another powerful tool: open-market operations.

88 TEPS in TEPS 800 독해

Translation

1. 모든 은행 건물은 아주 튼튼하다. 은행은 고객들의 돈을 보관하기 때문에 안전해야 한다. 사람들은 자신들의 돈을 은행으로 가지고 가서 예금한다. 고객들은 자신들의 돈이 안전하기를 원한다. 은행은 돈을 다른 귀중한 것들과 함께 안전한 장소에 보관한다. 사실 돈을 보관하는 특별하게 보안이 강화된 곳의 이름이 금고이다. 금고는 도둑으로부터 안전하다.

2. 연준이라고도 하는 연방 준비 제도의 역할은 각기 자체 연방 준비 지방 은행을 가지고 있는 12개 지역 연방 준비 은행 제도를 통해 미국 통화 공급을 통제하는 것이다. 많은 시중 은행들이 연방 준비 제도에 속해 있으며 회원으로서 연준의 지급 준비율을 따라야 하는데 이것은 회원 은행이 자체 금고나 연준 예탁고에 확보하고 있어야 하는 예탁금의 비율에 관한 연준의 규정이다. 만일 연준이 통화 공급량을 바꾸고 싶으면 회원 은행의 지급 준비율을 바꾸면 된다. 예를 들어 상시 보유하고 있어야 하는 예탁금의 비율을 증가시키면 가용한 통화 공급량은 줄어들 것이다. 회원 은행은 연준으로부터 돈을 빌릴 수도 있으며 연준이 통화 공급량을 조절할 수 있는 또 하나의 방법은 할인율을 높이거나 낮추는 것인데 할인율이란 시중 은행이 연준으로부터 돈을 빌리는 금리를 말한다. 지급 준비율과 할인율을 이용하여 통화 공급을 조절하는 일 외에도 연준은 공개 시장 조작이라고 하는 또 하나의 강력한 수단을 가지고 있다.

STEP 2 Words and Expressions

어구 해설

- commercial bank 시중 은행
- reserve requirements 지급 준비율
- deposit 예금
- discount rate (어음) 할인율, 연방 준비 은행의 대출 금리
- open-market operations (중앙 은행이 금융을 조절하는) 공개 시장 조작

POP Quiz

다음 어휘나 어구의 뜻을 빈칸에 써 넣으시오.

1. massive banking crisis _____
2. savings account holder _____
3. debt _____
4. budget deficit _____

ANSWER

STEP 1 1. deposit / safe
2. Federal Reserve / vaults

STEP 2 1. 대규모 은행 위기 2. 예금주 3. 부채 4. 재정 적자

1.

A massive banking crisis occurred in the United States in 1933. In the two preceding years, a large number of banks had failed, and fear of lost savings prompted many depositors to remove their funds from banks. Problems became so serious in the state of Michigan that Governor William A. Comstock was forced to declare a moratorium on all banking activities in the state on February 14, 1933. The panic in Michigan quickly spread to other states, and on March 3, Preident Franklin D. Roosevelt declared a banking moratorium throughout the United States that left the entire country without banking services. Congress immediately met in a special session to solve the banking crisis, and on March 9 it passed the Emergency Banking Act of 1933 to assist financially healthy banks to reopen. By March 15, banks controlling 90 percent of the country's financial reserves were again open for business.

Q.　**Which of the following can be inferred from the passage?**
    (a) The Emergency Banking Act was passed to control all the banking services in the United States in 1931.
    (b) Many depositors didn't want to withdraw their money from bank in 1933.
    (c) Ninety percent of the banks in the United States were financially unhealthy.
    (d) Ten percent of the country's money was in financially unhealthy banks.

오답과 정답 분석

정답 분석
미국 금융 저축의 90%를 지배하고 있던 은행들이 다시 영업을 재개했기에 전체 통화의 10%는 재정적으로 튼튼하지 못한 은행에 예치되어 있었다는 것을 알 수 있다.

오답 분석
(a) 은행 긴급 조치법을 통과시킨 것은 1933년의 일이다. (b) 은행이 불안하다는 소문이 들리면 예금주는 당연히 은행에서 자기의 돈을 인출하기를 원할 것이다. (c) 90%가 아니라 10%의 은행들이 재정적으로 튼튼하지 못했다.

2.

The average savings account holder is losing upwards of 5% of his or her account to day-to-day banking fees. Yet the quickest way to prevent this loss is easy and actually being offered by the banks. Many institutions, such as Citizens Bank and National Bank, offer accounts with zero transaction fees, provided the balance never dips below a certain amount. Usually, banks request a minimum deposit of $1,000. For example, accounts with $1,000 or more are not subject to automated teller machine transaction fees, but charges are levied for other services. Accounts with $5,000 or more are not subject to any fees. As is usually the case, the more money you have, the easier it is to save.

Q. **According to the passage, what can you do to minimize bank transaction fees?**
(a) Maintain a certain balance in your account
(b) Consult the nearest bank branch
(c) Use automated banking machines
(d) Introduce other clients to your bank

오답과 정답 분석

정답 분석
$1,000 이상의 잔고가 있는 계좌는 ATM 사용 수수료를 물지 않으나 다른 서비스에는 수수료가 부과될 수 있으며 $5,000 이상의 잔고가 있는 계좌는 어떠한 수수료도 붙지 않는다는 내용으로 보아 (a)가 정답이다.

오답 분석
(b) 가까운 은행 지점과 상의한다거나 (d) 거래하는 은행에 다른 고객을 소개한다는 내용은 윗글에서 언급하고 있지 않다. (c) ATM을 이용하면 창구 거래보다 쌀 수도 있겠지만 모두 그렇다고 확신할 수 없다.

STEP 4 Actual Test

1.

The Federal Reserve announced today that the federal budget deficit—the amount the government receives in taxes minus its expenditures—hit a 15-year low. Although Democrats and Republicans can't agree on who gets the credit for the reduction, both parties attribute the drop to a stronger-than-expected economy coupled with a slowdown in federal spending. However, the Federal Reserve has adopted a more non-partisan approach, stating that the drop in the deficit was largely due to the savings realized through lower rates on Uncle Sam's total outstanding debt.

Q. Which of the following caused the drop in the federal budget deficit?
(a) A freeze on government spending plus lower interest rates
(b) A slowdown in federal spending plus a strong economy
(c) A report issued by the Federal Reserve
(d) Higher savings rates by Uncle Sam

2.

Federal Reserve Chairman Alan Greenspan said that U.S. job growth should pick up soon, while warning that "erecting walls" in a bid to curb job losses would backfire on the United States. "In all likelihood, employment will begin to increase more quickly before long as output continues to expand. We have reason to be confident that new jobs will displace old jobs as they always have, but America's job turnover process will never be without pain," he said. But he repeated his warning against protectionism, saying restrictions on free trade would hurt U.S. standards of living. "As history clearly shows, our economy is best served by full and vigorous engagement in the global economy," Greenspan said.

Q. What is the main theme of the article?
(a) Greenspan regards the growing number of jobs as a good sign for the U.S. economy.
(b) Greenspan believes that the U.S. job market will expand.
(c) Greenspan proposes that job losses sometimes play a positive role, considering the overall perspective of the economy.
(d) Greenspan sees more jobs before long and warns on protectionism.

- ☐ automated teller machine 현금 자동 입출금기
- ☐ aviation 비행, 항공
- ☐ backfire 기대에 어긋난 결과가 되다
- ☐ balance 잔액
- ☐ balancing act 양쪽을 만족시키는 행위, (위험한) 줄타기
- ☐ category 부문, 종류
- ☐ coincide 동시에 일어나다, 일치하다
- ☐ congestion 혼잡
- ☐ curb 억제하다
- ☐ day-to-day 일상의
- ☐ deficit 적자
- ☐ depositor 예금자
- ☐ description 기술, 서술
- ☐ dip 내려가다, 감소하다
- ☐ downturn 침체, 하락
- ☐ erect 세우다
- ☐ escalation 상승
- ☐ flashy 번지르르한
- ☐ forklift 지게차
- ☐ frill 겉치레, 과잉 서비스
- ☐ getaway 휴양지
- ☐ get the credit for ~에 대한 공을 인정받다
- ☐ hangar 격납고
- ☐ humble 겸허하게 하다, 낮추다
- ☐ in a bid to ~하려고 하여, ~할 목적으로
- ☐ in all likelihood 아마, 십중팔구
- ☐ induce 일으키다, 야기하다
- ☐ juice 전기, 전류
- ☐ levy 부과하다
- ☐ log 기록하다
- ☐ low 최저 수준
- ☐ massive 대규모의
- ☐ moratorium 지불 유예[정지]

- ☐ non-partisan 초당파적인, 객관적인
- ☐ ostentation 겉치레, 허식
- ☐ outstanding debts 미불 채무
- ☐ perilous 위험한
- ☐ photovoltaic 광전지의
- ☐ pick up 회복하다, 속도를 내다
- ☐ plunge A into B A를 B로 몰아넣다
- ☐ preceding 선행하는, 앞선, 디전의
- ☐ protectionism 보호 무역주의
- ☐ provided ~을 조건으로 하여, 만일 ~라면
- ☐ ramshackle 넘어질 듯한, 흔들거리는, 약한
- ☐ reserve 저축, 적립금
- ☐ rooftop 지붕의, 옥상의
- ☐ Sin City 라스베이거스
- ☐ skewing 비대칭
- ☐ special session 임시 회의
- ☐ stratosphere (물가의) 최고가
- ☐ synonymous with ~와 동의어의, 같은 뜻의
- ☐ take the wraps off 공개하다
- ☐ trade off 번갈아[교대로] 하다
- ☐ transaction fee 거래 수수료
- ☐ treacherous 불안정한, 위험한
- ☐ turnover 전환, 재편성
- ☐ Uncle Sam 미국 정부
- ☐ upwards of ~이상, 거의, 약
- ☐ zoom 급등하다, 급상승하다

Chapter 7

Chapter 7

Type A _ 유형별 Approach
Part II 추론과 다음에 이어질 내용 질문

STEP 1 Pattern Study

유형별 빠른 풀이법

추론 문제는 TEPS의 특이한 독해 유형이다. 다음과 같이 풀면 빨리 풀린다.

1. 추론 문제를 풀기 위해서는 빠른 속도로 전체적인 취지를 이해한다.
2. 대체로 제일 뒤에 있는 내용을 전제로 추론의 정답이 나온다.
3. 따라서 뒷부분에 유념하면서 앞으로 나올 이야기의 전반적인 내용을 추가로 정리해서 해당
   사실이 확장될 여지에 대하여 검토한다.

Sample

When clothes dryers account for at least 6% of the electricity used by U.S. households, is it any wonder that line-drying is coming back? In places where the practice is banned as an unsightly nuisance to neighbors, right-to-dry activists are forming an alliance. Their causes are to reduce energy consumption and to call upon sunlight rather than bleach to get those whites even whiter.

Q.   What can be inferred from the passage?

(a) To dry clothes using clotheslines is forbidden by law.
(b) People have been drying clothes using clotheslines rather than electronic dryers.
(c) Some people see nothing meaningful in the image of clean sheets blowing in the wind.
(d) In some places Americans are not allowed to dry clothes outside.

 **풀이 적용**

1. 전체적인 취지는 외부에서 빨래 말리기가 금지되어 있기는 해도 그것이 법적으로 금지된 것은 아니다.
2. 마지막 문장에서 이유까지 제시하면서 빨래를 밖에서 말리는 것의 타당성을 나타내고 있다.
3. 마지막 문장의 Their의 지칭 대상은 바로 앞 문장의 activists인데 그들이 그런 주장을 하게 된 것은 결국 일부 지역에서 허용이 안
   되기 때문이라는 것이 전제되어 있다.

STEP 2 Clinic · 도전 실전 문제

1.

In the past, planning my Hawaii vacation was a really stressful experience. I spent days doing internet searches, looking over some resorts and going over sites to find the perfect rental. But I always wondered if there was something better, cheaper, closer to the beach, etc. Now, Hawaii vacationers are lucky because there's a Web site that has done all the hard work and lists almost all Hawaii's vacation rentals. Maps show you where the rental is located and also show the location of beaches, and tell you the distance from the rental to the beach.

Q. **Which of the following is most likely to follow this passage?**

(a) Some comments about the Web site dealing with Hawaii's rental resources

(b) The writer's experience of travel in Hawaii

(c) Introduction on some beautiful beaches of Hawaii

(d) How lucky Hawaii vacationers are

2.

When it came time to propose to my girlfriend, I chose to pop the question on Valentine's Day in the rotating cocktail lounge at the Bonaventure Hotel. The 34th-floor lounge offers a stunning view of the downtown. Moreover, the spinning room left her so dizzy that she wasn't sure whether she was consenting to marry me or agreeing to pass the salt. Like many American men, I lack that vital romance gene. To ease their suffering we consulted travel and romance experts and arrived at this list of the best places to pop the question.

Q. **Which of the following is most likely to follow this passage?**

(a) Some traditional places to propose

(b) The Sheraton Moorea Lagoon Resort & Spa in Tahiti

(c) Decent strategies for proposing to girlfriends

(d) The author's recommendations for the world's most romantic places to propose

1.

In the past, planning my Hawaii vacation was a really stressful experience. I spent days doing Internet searches, looking over some resorts and going over sites to find the perfect rental. But I always wondered if there was something better, cheaper, closer to the beach, etc. Now, Hawaii vacationers are lucky because there's a Web site that has done all the hard work and lists almost all Hawaii's vacation rentals. Maps show you where the rental is located and also show the location of beaches, and tell you the distance from the rental to the beach.

Q. **Which of the following is most likely to follow this passage?**
(a) Some comments about the Web site dealing with Hawaii's rental resources
(b) The writer's experience of travel in Hawaii
(c) Introduction on some beautiful beaches of Hawaii
(d) How lucky Hawaii vacationers are

오답과 정답 분석

정답 분석

이 단락 후에 언급될 내용으로 가장 적절한 것을 묻고 있다. 따라서 지문 뒷부분의 내용을 살펴보아야 하는데 지문 뒷부분에 웹 사이트에 대해서 간략한 설명이 나온 만큼 이어질 내용은 그 웹 사이트에 대한 자세한 정보일 것이다.

오답 분석

(c)와 (d)의 경우에는 각각의 내용이 주어진 단락의 내용과는 벗어나 있으며 단락에서 언급된 바 없다. 반면 (b)의 경우에는 언급은 되었으나 (a)의 내용을 설명하기 위한 도입에 불과하다.

2.

When it came time to propose to my girlfriend, I chose to pop the question on Valentine's Day in the rotating cocktail lounge at the Bonaventure Hotel. The 34th-floor lounge offers a stunning view of the downtown. Moreover, the spinning room left her so dizzy that she wasn't sure whether she was consenting to marry me or agreeing to pass the salt. Like many American men, I lack that vital romance gene. To ease their suffering we consulted travel and romance experts and arrived at this list of the best places to pop the question.

Q. **Which of the following is most likely to follow this passage?**
  (a) Some traditional places to propose
  (b) The Sheraton Moorea Lagoon Resort & Spa in Tahiti
  (c) Decent strategies for proposing to girlfriends
  (d) The author's recommendations for the world's most romantic places to propose

오답과 정답 분석

정답 분석
단락의 마지막 내용을 보면 청혼하기에 가장 적절하고 앞 문단과 연결시켜 보았을 때 로맨틱한 장소 목록에 대한 언급이 있다. 따라서 이어질 내용으로 가장 적절한 것은 (d) '청혼하기에 세계에서 가장 로맨틱한 장소 추천'이다.

오답 분석
(b)는 지문과 아무 관련이 없는 보기이다. (a)의 경우 청혼을 위한 장소라는 점에서는 적절할 수 있으나 전통적인 장소라는 점에서 지문의 내용과 일치하지 않는다. (c)의 청혼하는 방법은 범위가 너무 넓다.

1.

The Tipping Point, Gladwell's first book, was a study of the unexpectedly viral ways that ideas, trends and fads spread through the general population. In *Blink*, Gladwell takes as his subject the snap decision. Why, he wants to know, do intuitive, unconscious, seat-of-the-pants judgments, made in seconds on the basis of very little information, so often turn out better than better-informed, more thoughtful choices?

Q. **What cannot be inferred from the passage?**
(a) The snap decision needs long hours of preparation.
(b) Instinctive decisions can be better than well-informed decisions.
(c) A decision made on the spur of the moment might work.
(d) A strategy developed after 9 hours of long discussion may well result in the worst scenario.

2.

Stanley Mi gram's infamous psychology experiments are back in a crueler form. The original experiments were inspired by the Nuremberg trial of Adolf Eichmann, who engineered the transport of Jews to Nazi concentration camps. Milgram set up an experiment in which subjects were instructed to deliver increasingly intense electric shocks to victims who screamed in pain, complained of a heart condition, and begged for the experiment to be halted. More than half of the subjects carried out the orders, slowly increasing the electric shocks to lethal levels. (Such experiments were declared unethical by the American Psychological Association in 1973.)

Q. **Which of the following is NOT likely to follow this passage?**
(a) Recent experiments similar to this one
(b) The reason why the experiment was halted
(c) What Adolf Eichmann had done with this experiment
(d) The psychological condition of the people who participated in this experiment

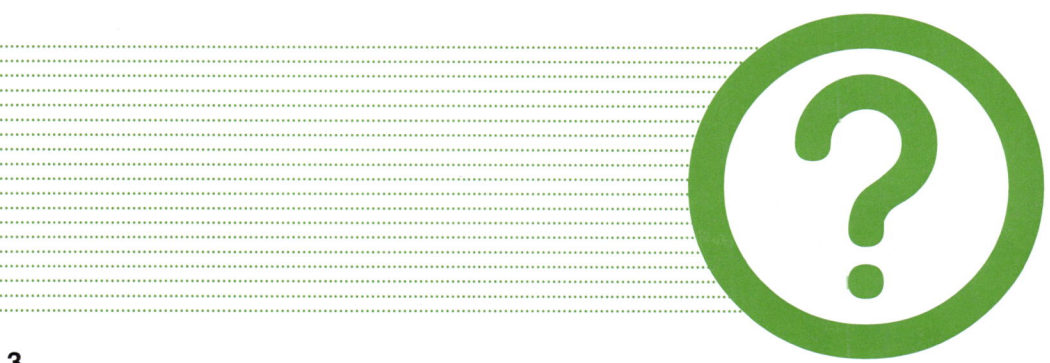

3.

Many resources are committed to preventing the losses associated with DUI [driving under the influence (of alcohol or drugs)]. Although these measures have proven effective in varying degrees, society still experiences significant losses associated with DUI. One device designed to prevent an impaired person from operating a vehicle requires the input of numerical data in a short amount of time before starting the vehicle. The effectiveness of this device is limited in that some people can perform tasks of this nature even while intoxicated. Additionally, the task could be performed by a sober party on behalf of an intoxicated driver.

Q. **Which of the following is most likely to follow this passage?**

    (a) A hit-and-run accident and its punishment

    (b) The effect of criminal punishment

    (c) The result of drunk driving

    (d) A prevention system for drunk driving

4.

From an early age, men get hammered with the same message about how to treat women: More compliments, more listening, more romance. But sometimes, especially as relationships progress, men can also feel on the short end of the fawning stick: Nearly 70 percent of men say they wish they received more regular compliments from their partner. I'm not suggesting that every guy has to be coddled and cuddled with verbal roses, but every once in a while, it's nice to throw one his way. There are a few, simple things a woman can say to a man that really get him going.

Q. **Which of the following is most likely to follow this passage?**

    (a) How many men suffer from lack of affection

    (b) Some tips to make men feel good

    (c) How to become a romantic woman

    (d) Different responses to romantic approaches between boys and girls

Racial Segregation 인종 차별

출제 경향 파악

미국은 최근에 흑인 대통령이 나올 정도로 흑인들의 파워가 강해졌다. 따라서 인종 차별과 그에 대한 극복의 역사적 고찰은 시사적으로 가장 뜨겁고 빈출되는 이슈이다. 흑인 노예의 시작은 언제부터인지, 특히 남북 전쟁, 2차 대전 등의 전쟁을 계기로 이들의 인권이 혁혁하게 신장되었다는 사실이 자주 출제되는 부분이다. 또한 인권 운동가들의 노력, 대표적인 예로서 킹 목사와 그 이전에 킹 목사의 긴권 운동의 기폭제가 되었던 흑인 여성 로자 팍스(Rosa Parks) 사건도 시험에 자주 등장한다.

STEP 1 Theme Research

1.

It was not until World War I when blacks were dra___ted into the military. Some white Americans were not particularly delighted about this precedent. They argued that if blacks were drafted to fight for their country, they would next have audacity to demand the right to vote. A similar argument was used during the Vietnam War in favor of lowering the vo___ing age to eighteen. The motto was that if young people were old enough to fight, they were old enough to vote. This slogan won the day. Similarly, the role of blacks in the military during World War I, World War II, the Korean War, and the Vietnam War had an impact on black consciousness. The opportunity to travel and the resulting widened horizons most likely provided support for the development of the civil rights movement.

2.

On December 1st in 1955, Rosa Parks, a 42-year-old woman, chose to break the law in Montgomery, Alabama. She was ordered by a city bus driver to give up her seat to a white man, as was then required by the city's law. She refused and was arrested. Four days later, the black community, led by Dr. Martin Luther King Jr., began a boycott of the city bus company that lasted 382 days. Then the U.S. Supreme Court ruled that segre___ation on city buses was uncon___titutional. For her role in sparking the successful boycott, Rosa Parks became known as the "mother of the civil rights movement."

1. 1차 세계 대전이 되어서야 비로소 흑인들은 군대에 징병되었다. 일부 미국 백인들은 이런 선례를 달가워하지 않았다. 흑인이 나라를 위해 싸우도록 징병된다면 다음에는 뻔뻔하게 투표권을 요구할 거라는 게 그들 주장이었다. 비슷한 논쟁이 투표 연령을 18세까지 낮추기 위하여 베트남 전쟁 기간 동안에 있었다. 모토는 젊은 사람들이 싸울 만한 나이라면 투표할 만한 나이이기도 하다는 것이었다. 그 슬로건은 결실을 맺었다. 비슷하게 제1차 세계 대전, 제2차 세계 대전, 한국 전쟁, 베트남 전쟁 동안 군대에서 흑인의 역할은 흑인들의 의식에 영향을 미쳤다. 여행할 수 있는 기회와 그로 인해 넓어진 시야는 시민운동의 발전에 기반이 된 것 같다.

2. 1955년 12월 1일, 42세의 여성 로자 팍스는 앨라배마 주 몽고메리에서 법을 위반하기로 했다. 그녀는 시내버스 운전사로부터 당시 시 조례가 요구하는 것처럼 백인 남성에게 좌석을 양보하라는 명령을 들었다. 그녀는 거절했고 체포되었다. 나흘 뒤에 마틴 루터 킹 2세 목사가 주도한 흑인 공동체가 382일간 시내버스 안 타기 운동을 벌였다. 그 후 미합중국 대법원은 시내버스에서의 인종 차별은 위헌이라는 판결을 내렸다. 성공적인 불매 운동의 도화선이 된 로자 팍스의 역할은 그녀가 '인권 운동의 어머니'라 알려지게 했다.

STEP 2 Words and Expressions

어구 해설

audacity 대담함, 뻔뻔함
win the day 이기다, 승리하다
boycott 불매 운동
Supreme Court 대법원
rule 판결하다
spark ~의 도화선[발단]이 되다

POP Quiz

다음 어휘나 어구의 뜻을 빈칸에 써 넣으시오.

1. racism _____
2. hideous institution of slavery _____
3. unprejudiced _____
4. learn their trade _____

ANSWER

STEP 1   1. drafted / voting age
2. segregation / unconstitutional

STEP 2   1. 인종 차별주의   2. 끔찍한 노예 제도   3. 편견이 없는   4. 일을 배우다

1.

Racism is so extreme and so pervasive in our American society that no black individual lives in an atmosphere of freedom. The world of physical phenomena is dominated by fear and greed. It consists of pitting the vicious and the avaricious against the naive, the hunted, the innocent, and the victimized. Power belongs to the strong, and the strong are BIG in more ways than one. No one is more victimized in this white male American society than the black female.

Q. **Who does the author say is most victimized in American society?**
  (a) White males
  (b) White females
  (c) Black males
  (d) Black females

오답과 정답 분석

정답 분석
지문의 하단을 살펴보면 '권력은 강자에게 속하고 강자는 여러 면에서 거대하다. 이 백인 남성 위주의 미국 사회에서 흑인 여성보다 더 희생되는 사람은 없다' 며 백인 남성 위주의 미국 사회에서 흑인 여성이 가장 크게 희생당한다고 언급하였다. 따라서 정답은 (d)의 흑인 여성이 된다.

오답 분석
(d) 외의 기타 보기들은 미국 사회에서 흑인 여성이 가장 크게 희생당한다는 지문의 주장을 설명하지 못한다.

2.

The United States has a major racial problem on its hands. The only way to solve it is through education. Negroes should know about the contributions that black individuals and groups have made towards building America. This is of vital importance for their self-respect; and it is more important for white people to know. For if you believe that a man has no history worth mentioning, it is easy to assume that he has no value as a man. To justify the hideous institution of slavery, slaveholders had to create the myth of the docile, slow-witted Negro, incapable of self-improvement, and content with his lot. Nothing could be further from the truth. The slave fought for his freedom every chance he got, and there were numerous uprisings. Yet the myth of docility persisted.

Q. **What is the title of this passage?**

(a) Racial Problems in the United States

(b) Negro's Docility

(c) The Slavery System in the United States

(d) Negro Uprisings in the United States

오답과 정답 분석

정답 분석

글의 제목을 묻는 문제는 그 글의 주제와 밀접한 관련성을 가지고 있다. 이 문제의 경우 첫 문장에서 미국은 인종 문제라는 과제에 직면해 있다고 하면서 그 과제를 해결하는 방법이 교육이라고 언급하고 있다. 따라서 정답은 (a)이다.

오답 분석

(a)를 제외한 나머지 보기 (b) 흑인의 유순함, (c) 미국의 노예 제도, (d) 흑인들의 봉기는 주어진 지문과 아무런 관련성이 없다. (b), (c), (d)는 관련성이 없기 때문에 글의 제목이 될 수 없다.

1.

I say to you today, my friends, that in spite of the difficulties and frustrations of the moments I still have a dream. It is a dream deeply rooted in the American dream. I have a dream that one day this nation will rise up and live out the true meaning of its creed: "We hold these truths to be self-evident: that all men are created equal." I have a dream that one day on the red hills of Georgia the sons of former slaves and the sons of former slave-owners will be able to sit down together at the table of brotherhood.

Q. **What is the tone of the passage?**
(a) Humorous and critical
(b) Hopeful and unprejudiced
(c) Sad and confessional
(d) Solemn and regretful

2.

In 1927, segregation dictated the way African-Americans received and administered medical treatment in hospitals. Black patients were often treated in the attic or basement. Black doctors did not fare much better in white hospitals. When John A. Kenney arrived in Newark from Tuskegee, Ala., in the early 1920s, the Wright Sanatorium on the high street was the only place for black doctors to learn their trade. There were more black doctors than hospitals in which they could practice, so Kenney Memorial Hospital was established on Sept. 1, 1927. The building at 130 W. Kinney St., which now houses of the New Salem Baptist Church, is on the State and National Registers of Historic Places. On May 14, 2005, the Newark Preservation and Landmarks Committee mounted a plaque on the church, recognizing the hospital as "Newark's first public building planned, constructed, and managed entirely by African-Americans in New Jersey."

Q. **Why did the Newark Preservation and Landmarks Committee put a plaque on the New Salem Baptist Church?**
(a) Because it was the first hospital for blacks in the country
(b) Because it was the first building planned, constructed, and managed by blacks
(c) Because it was the first black church in Newark
(d) Because black doctors were discriminated against for racial reasons

- [ ] **account for** (~ 의 비율을) 차지하다
- [ ] **administer** (약을) 투여하다, (치료를) 해주다
- [ ] **alliance** 동맹, 연합
- [ ] **avaricious** 탐욕스러운
- [ ] **bleach** 표백제
- [ ] **brotherhood** 형제간, 형제애
- [ ] **call upon** 이용하다
- [ ] **coddle** 상냥하게 다루다, 응석받이로 기르다
- [ ] **compliment** 칭찬
- [ ] **concentration camp** 강제 수용소
- [ ] **consent** 동의하다, 승낙하다
- [ ] **creed** 신념, 주의
- [ ] **cuddle** 껴안다, 껴안고 귀여워하다
- [ ] **dictate** 명령하다, 지시하다
- [ ] **docile** 온순한
- [ ] **docility** 유순함, 온순함
- [ ] **extreme** 극심한
- [ ] **fad** 일시적 유행
- [ ] **fare well** 잘 되어가다
- [ ] **fawning** 아양 부리는, 아첨하는
- [ ] **frustration** 좌절
- [ ] **hammer** 되풀이하여 역설하다, 주입시키다
- [ ] **hideous** 가증스러운, 끔찍한
- [ ] **impaired** 술 취한
- [ ] **infamous** 악명 높은
- [ ] **in more ways than one** 여러 가지 의미로, 여러 면에서
- [ ] **instruct** 지시하다, 명령하다
- [ ] **intoxicated** 술 취한
- [ ] **intuitive** 직관[지각]에 의한
- [ ] **lethal** 죽음에 이르는, 치명적인
- [ ] **live out** 이룩하다, 현실화시키다
- [ ] **lot** 운, 운명
- [ ] **naive** 순진한

- [ ] **nuisance** 폐, 남에게 폐가 되는 행위
- [ ] **numerical** 수의, 숫자로 표시,된
- [ ] **pervasive** 퍼지는, 스며드는
- [ ] **pit A against B** A를 B와 싸우게 하다
- [ ] **pop the question** 청혼하다
- [ ] **propose to** 청혼하다
- [ ] **racism** 인종차별주의
- [ ] **rental** 임대
- [ ] **sanatorium** 요양소
- [ ] **seat-of-the-pants** 직감적인, 반사적인
- [ ] **segregation** 인종 차별
- [ ] **slow-witted** 우둔한
- [ ] **snap** 갑작스러운, 즉석의
- [ ] **sober** 술 취하지[마시지] 않은
- [ ] **stunning** 기절할 만큼의, 근사한
- [ ] **subject** 피실험자
- [ ] **the short end of the stick** 블리한 입장, 손해
- [ ] **unsightly** 보기 흉한, 눈에 거슬리는
- [ ] **uprising** 봉기
- [ ] **verbal rose** 입에 발린 칭찬
- [ ] **vicious** 사악한
- [ ] **victimize** 희생시키다

Chapter 8

Type A

Part II 분위기 · 태도 · 목적형

Type B

Churchill 처칠

Chapter 8

Type A _ 유형별 Approach
Part II 분위기 · 태도 · 목적형

STEP 1 Pattern Study

유형별 빠른 풀이법

글의 분위기나 목적을 묻는 문제는 다른 유형보다 상대적으로 빨리 풀 수 있다. 다음과 같은
순서로 풀자.

1. 글의 분위기나 목적은 결국에는 글을 쓴 사람이 가장 뒤에서 자신이 하고픈 이야기를 하게
   되어 있다.
2. 따라서 분위기나 목적 문제는 반드시 뒷부분에 중점을 둬서 점검해야 한다.
3. 특히 실용문과 관련해서 광고 글이나 기타 목적의 글에도 유념해서 점검한다.

Sample

I work on my feet all day and I have to wear heels at my job. They don't have to be high
ones, but they do have to reflect the latest fashion. The problem is, I'm not that young
anymore and I've found that I just can't wear the stiletto types that I used to when I was in
my 20's. Can anyone recommend a comfortable brand of shoe that looks really great and
not like something my grandmother would wear? I know that this sounds trivial, but after
standing all day I am really hurting.

Q.   **What is the purpose of this passage?**
(a) To ask for help in finding a comfortable and decent pair of shoes
(b) To recommend stylish shoes
(c) To introduce the latest fashion
(d) To complain about her having to wear stiletto heels

 풀이 적용

1. 분위기 문제는 뒷부분을 봐야 한다.
2. 특히 이 글에서 는 Can anyone recommend~의 내용으로 봐서 추천을 해달라는 내용이다.
3. 이 글은 광고문은 아니나 추천에 대한 글이기에 그 대상인 a comfortable and decent pair of shoes를 추가해서 내용을 완성하
   면 된다.

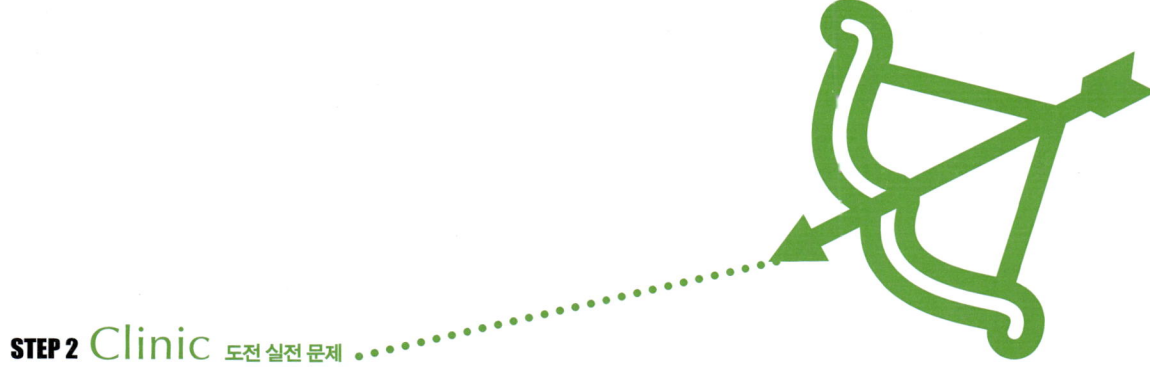

STEP 2 Clinic 도전 실전 문제

1.

Have you ever considered building with concrete block? We are certain that you would be impressed with the results. It is an extremely strong type of construction material. In addition, when it is used to make partition walls, it really is a built-in sound barrier that can block out a noisy world most effectively. Which means that with concrete block construction your clients will live and work in peace and quiet. Welcome news to anyone's ears! For your information, we have enclosed our latest catalogue, price list and delivery schedule.

Q. **What is the purpose of this passage?**
(a) To apologize
(b) To appreciate
(c) To complain
(d) To advertise

2.

It is an object of the present invention to provide a rubber composition, containing EPDM rubber as its main component, which can be vulcanized efficiently without generating blooming of vulcanizing accelerator added thereto so that a rubber roller comprising the rubber composition has a low coefficient of friction and a high wear-resistance. In order to solve the above-described problem, there is provided a rubber composition comprising EPDM rubber contained therein as a main component thereof.

Q. **What is the ultimate object of this invention?**
(a) To obtain a two-step reaction from the mixture
(b) To research the best mixture rate of vulcanizing accelerator
(c) To find out the method of adding vulcanizing accelerator
(d) To get rid of friction and increase the wear-resistance of a rubber roller

1.

Have you ever considered building with concrete block? We are certain that you would be impressed with the results. It is an extremely strong type of construction material. In addition, when it is used to make partition walls, it really is a built-in sound barrier that can block out a noisy world most effectively. Which means that with concrete block construction your clients will live and work in peace and quiet. Welcome news to anyone's ears! For your information, we have enclosed our latest catalogue, price list and delivery schedule.

Q. **What is the purpose of this passage?**
(a) To apologize
(b) To appreciate
(c) To complain
(d) To advertise

 **오답과 정답 분석**

정답 분석
첫 문장을 의문문으로 시작함으로써 주의를 환기시키고, 광고하려는 품목에 대한 특성을 소개한 후, 결론적으로 주문을 촉구하고 있기에 전형적인 광고 글, 즉 advertise하려는 것임을 알 수 있다.

오답 분석
광고 글이므로 (a) 사과나 (b) 감사, (c) 불만 제기, 항의 등은 답이 될 수 없다.

2.

It is an object of the present invention to provide a rubber composition, containing EPDM rubber as its main component, which can be vulcanized efficiently without generating blooming of vulcanizing accelerator added thereto so that a rubber roller comprising the rubber composition has a low coefficient of friction and a high wear-resistance. In order to solve the above-described problem, there is provided a rubber composition comprising EPDM rubber contained therein as a main component thereof.

Q. What is the ultimate object of this invention?

    (a) To obtain a two-step reaction from the mixture

    (b) To research the best mixture rate of vulcanizing accelerator

    (c) To find out the method of adding vulcanizing accelerator

    (d) To get rid of friction and increase the wear-resistance of a rubber roller

오답과 정답 분석

정답 분석

low coefficient of friction을 가진다는 것은 마찰계수가 낮아서 그만큼 마찰이 적다는 의미로 내마모성이 강화된다. 따라서 정답은 (d)이다.

오답 분석

(a), (b), (c)의 경우에는 궁극적인 목적이 아니라 이와는 관련 없는 세부적인 것들이거나 목적을 수행하기 위한 방법일 뿐이다.

1.

If you suffer from acid reflux disease, any food can trigger an attack of heartburn. And over time, all that churning acid could do real harm to your esophagus. So, if you've changed your diet and treated your symptoms but the heartburn still comes back two or more days a week, then you should ask your doctor about the prescription Kopill.

Q. **What is the character of this passage?**

    (a) An advertisement

    (b) An administrative report from a hospital

    (c) Pharmaceutical regulations

    (d) A doctor's recommendation

2.

At first glance, you might not think that Mel Gibson and Michael Moore had much in common beyond the fact that they both have Oscars and an M in their first name. Mel the buff pilgrim, Michael the lumpy rebel: Opposite poles of the human spectrum, no? But watch them long enough and it dawns on you that maybe these guys have more in common than one would imagine. They both are reaffirming regular quality. Both seem like guys who maintain a clear channel, albeit from different locations, into that enigmatic, shape-shifting thing, the American mainstream.

Q. **What is the tone of the passage?**

    (a) Critical

    (b) Cynical

    (c) Sarcastic

    (d) Metaphoric

3.

Are you a whiz in the scullery, but without an outlet for your culinary talents? Then online cookoff ismyblogburning.com is for you. Every month, food bloggers congregate in this virtual kitchen to share recipes based around a single ingredient or cooking style, and a host collates the entries, resulting in an eclectic cyber cookbook.

Q. **Which of following people would be the best target of this advertisement?**
 (a) Restaurant owners
 (b) Professional cooks
 (c) Homemakers
 (d) Cookbook publishers

4.

The association between drugs and crime is one of the central concerns of contemporary drugs research. Another major concern in recent years has been the clustering together of the most serious problems of drugs and crime in neighborhoods already experiencing multiple social difficulties. This paper seeks, first of all, to re-situate the drug-crime nexus in its full social context in order to provide a new perspective on these two key aspects of the British drug problem today. In doing so, the analysis raises some important issues in criminological theory.

Q. **Which of the following is NOT the tone of the passage?**
 (a) Elucidative
 (b) Descriptive
 (c) Illustrative
 (d) Mitigative

Churchill 처칠

출제 경향 파악

처칠은 제2차 세계 대전을 슬기롭게 이겨낸 정력적인 정치가로 알려져 있다. 처칠과 같은 수상이 해야 할 일에 대한 이야기 전반과 개인적으로는 처칠이 그렇게 힘든 시기에 어떻게 정력적으로 일을 할 수 있었는지의 배경 등에 대한 출제가 빈번하다. 특히 그의 언변과 관련해서 정치와 미국에 대한 풍자와 자조 섞인 내용도 자주 출제된다.

STEP 1 Theme Research

1.

During World War II, Winston Churchill, in his late sixties and early seventies, was able to work sixteen hours a day, year after year. His secret? He worked in bed each morning until eleven o'clock, reading reports, dic___ating orders, making telephone calls, and ho___ding important conferences. After lunch, he went to bed once more and slept for an hour. In the evening, he went to bed once more and slept for two hours before having dinner at eight. He didn't cure fatigue. He didn't have to cure it. He prevented it. Because he rested frequently, he was able to work on, fresh and fit, until long past midnight.

2.

When the British learned that Hitler was ready to invade England, Prime Minister Winston Churchill quickly called a meeting of the British War Ministry. At the beginning of the meeting, Churchill stood at the head of the table. He raised his right hand in the Nazi sa___ute. He said, "Gentlemen, I am Adolf Hitler. You are the members of the German War Council. Today we shall make final plans to in___ade England." His plan worked. For the entire meeting, the statesmen thought like Germans. And in the end, the Germans did not defeat the English.

Translation

1. 제2차 세계 대전 중 60대 후반에서 70대 초반이었던 윈스턴 처칠은 하루에 16시간 일을 할 수 있었다. 해를 거듭해도 마찬가지였다. 그의 비결은? 그는 매일 아침 11시까지 침대에서 일했는데 보고서를 읽고, 명령을 받아 적게 하고, 전화를 걸고, 중요한 회의를 열었다. 점심을 먹고 난 후, 그는 다시 잠자리에 들어 한 시간 동안 수면을 취했다. 저녁에 그는 또다시 잠자리에 들어 8시 저녁 식사를 하기 전에 두 시간 동안 잠을 잤다. 그는 피로를 회복시키지 않았다. 그는 피로를 회복시킬 필요가 없었다. 그는 피로를 예방했다. 그는 자주 휴식을 취했기 때문에 한밤중이 지나서도 계속 생기 있고 건강하게 일을 계속할 수 있었다.

2. 히틀러가 영국을 침략할 준비가 되었다는 것을 알게 되었을 때, 당시 수상이었던 윈스턴 처칠은 신속하게 영국 전시 내각 회의를 소집했다. 회의 시작 시 처칠은 상석에 서서 나치 식의 경례로 오른손을 들어 올리면서 말했다. "여러분, 저는 아돌프 히틀러입니다. 여러분은 독일 전시 내각의 임원들입니다. 오늘 우리는 영국을 침략하기 위한 최종 작전을 세울 것입니다." 처칠의 계획은 효과가 있었다. 회의를 하는 내내 의원들은 독일인처럼 생각했다. 결국 독일은 영국을 패배시키지 못했다.

STEP 2 Words and Expressions

어구 해설

fatigue 피로, 피곤
fit 좋은 건강 상태인, 컨디션이 좋은
invade 침략하다
prime minister 수상
call a meeting 회의를 소집하다
ministry 내각
statesman 정치가

POP Quiz

다음 어휘나 어구의 뜻을 빈칸에 써 넣으시오.

1. ignoramus _____
2. superiority complex _____
3. feel nauseated _____
4. publicity _____

ANSWER

STEP 1   1. dictating orders / holding important conferences
2. the Nazi salute / invade

STEP 2   1. 무지한 사람   2. 우월감   3. 메스꺼움을 느끼다   4. 널리 알려짐

1.

"You can always rely on America to do the right thing," quipped Winston Churchill, one of America's greatest twentieth-century fans. "Once it has exhausted the alternatives." That quotation contains both the main components of what remains a typical European view of American foreign policy. It contains admiration, founded on the experience that when America intervened in Europe's two great wars of the twentieth century it did so on the right side, with ultimate success. _____ it also contains a superiority complex, a view of Americans as bumblers or global ignoramuses.

Q. **Choose the option that best completes the passage.**
 (a) And
 (b) If
 (c) As
 (d) But

 오답과 정답 분석

정답 분석

빈칸 앞에서는 미국이 20세기 유럽의 양 차 세계 대전에 간섭했을 때 의로운 편에 서서 마침내 승리를 이루었다고 했으나 빈칸 뒤에서는 미국을 실수꾼이나 세계적으로 아는 체하는 바보라고 보는 등 빈칸 앞뒤의 내용이 상반되므로 빈칸에는 역접의 접속사가 들어가야 한다.

오답 분석

순접의 접속사 and, 조건절에 사용되는 if, 부대상황 등을 표현하는 as는 내용이 상반되는 곳에 사용되지 않는다.

2.

Judge Richard Posner, the most prolific federal judge, quotes the Austrian-born economist Joseph Schumpeter. Schumpeter—hardly a sympathetic figure—was an elitist who believed the achievements of capitalism were threatened by the greed and ignorance of the masses. "Democracy," as Posner describes Schumpeter's view, "is conceived of as a method by which members of a self-interested political elite compete for the votes of a basically ignorant and apathetic, as well as determinedly self-interested, electorate." Is our democracy, then, entirely squalid? Not really, or not so it should bother us. Judge Posner brings to mind Winston Churchill's quip that democracy is the worst system of government except all the others that have been tried over the years.

Q. **Who has the most different view on democracy than the others in the passage?**
(a) The writer
(b) Richard Posner
(c) Winston Churchill
(d) Joseph Schumpeter

오답과 정답 분석

정답 분석
Is our democracy, then, entirely squalid?의 물음에 Not really라 대답하는 것으로 보아 민주주의에 대해 글쓴이가 긍정적 시각을 가지고 있음을 알 수 있다. 따라서 (a)가 정답이다.

오답 분석
포스너 판사는 숨페터와 처칠의 말을 인용하여 민주주의에 대한 그들의 의견에 동조하고 있다.

1.

As Winston Churchill said, the production of sausage and that of politics _____. The end product might be tasty, but it can be a messy and unappetizing process. Your salami is savory only if you don't look any further beyond the counter of the delicatessen. You may feel nauseated likewise when you get to know too much about those men and women dressed in power suits.

Q.   Choose the option that best completes the passage.
    (a) are pretty much same
    (b) should be opened up to the public
    (c) call for reforms
    (d) have changed with time

2.

One day he came to lunch with me. The press discovered that he was coming and *Paris-Match*, an illustrated weekly with an enormous circulation, rang up from Paris to say that they were sending their best photographer to take pictures of him and me. I told them that I was sure Sir Winston would resent it and refused to let them enter my property. When, while we were waiting for luncheon to be announced, I told Winston what I had done, he was not so pleased as I had expected him to be. I venture the suggestion that when you are used to publicity you feel slightly lost without it.

Q.   Why was Winston displeased?
    (a) We had to wait for a while for the luncheon to be announced.
    (b) I kept the pressmen from coming into my grounds.
    (c) *Paris-Match* was sending their best photographer.
    (d) The press refused to come and take pictures of him and me.

Section Switch

Chapter 8에 나와 있는 TEPS 필수 어휘입니다.

- [ ] accelerator 촉진제
- [ ] acid reflux 위산 역류
- [ ] albeit 비록 ~이기는 하나, ~임에도 불구하고
- [ ] apathetic 무관심한
- [ ] buff 의연한, 강건한
- [ ] bumble 실수하다
- [ ] capitalism 자본주의
- [ ] channel 표현 방식, 접근 수단
- [ ] churn 휘젓다
- [ ] circulation 발행 부수
- [ ] cluster together 밀집하다
- [ ] coefficient of friction 마찰률
- [ ] collate 맞추어 보다, 대조하다
- [ ] comprise 이루어지다, 구성되다
- [ ] conceive of 상상하다, 생각하다
- [ ] congregate 모이다
- [ ] context 문맥, 배경
- [ ] cookoff 요리 경연 대회
- [ ] criminological 범죄[형사학(상)의
- [ ] culinary 부엌[주방]의, 요리의
- [ ] delicatessen 조제(調製) 식품점
- [ ] eclectic 취사선택하는, 절충하는
- [ ] electorate 유권자
- [ ] elitist 엘리트주의자
- [ ] end product 최종 제품[결과]
- [ ] enigmatic 정체 모를, 불가사의한
- [ ] esophagus 식도
- [ ] feel nauseated 메스꺼움을 느끼다
- [ ] found on 근거를 두다
- [ ] greed 탐욕
- [ ] heartburn 가슴앓이
- [ ] ignoramus 무식한 사람
- [ ] intervene 개입하다, 간섭하다
- [ ] it dawn on you that~ ~를 알게 되다

- [ ] lumpy 땅딸막하고 굼뜬
- [ ] nexus 연계(連繫), 관련
- [ ] messy 더러운
- [ ] outlet 배출구, 표현 수단
- [ ] partition 칸막이, 구획, 분할
- [ ] prolific 다작의
- [ ] property 경내, 소유지
- [ ] publicity 널리 알려짐, 공개
- [ ] quip 빈정대다, 놀리다, 명언, 신랄한 말
- [ ] rebel 반항자, 저항자
- [ ] resent 화내다, 불쾌하게 여기다
- [ ] ring up 전화 걸다
- [ ] savory 맛 좋은
- [ ] scullery 식기실
- [ ] self-interested 이기적인, 이기심의
- [ ] squalid 더러운, 비열한
- [ ] stiletto 하이힐 구두
- [ ] superiority complex 우월감, 우월 컴플렉스
- [ ] sympathetic 동정적인, 마음에 드는
- [ ] thereto 거기기그것에
- [ ] trivial 하찮은, 별것 아닌
- [ ] unappetizing 입맛 떨어지게 하는
- [ ] venture 과감히 말하다
- [ ] vulcanize 가황(加黃)하다, 황을 섞어 가열하다
- [ ] wear-resistance 내마모성
- [ ] whiz 명인, 명수

Chapter 9

Type A

Part III 문맥상 어울리지 않는 것 찾기

Type B

Blood and Blood Pressure 혈액과 혈압

Chapter 9

Type A _ 유형별 Approach
Part III 문맥상 어울리지 않는 것 찾기

STEP 1 Pattern Study

유형별 빠른 풀이법

학습자들이 시간을 가장 많이 잡아먹는다고 말하는 문제가 문맥상 어울리지 않는 것을 찾는
유형이다. 다음과 같은 순서로 풀자.

1. 전반적인 대의 파악을 빨리 끝낸다.

2. 전반적인 대의란 하나의 구체적 대상에 대한 긍정적 · 부정적 서술 방향이다.

3. 그러한 서술 방향과 어긋난 서술을 찾아내어 답을 내면 된다.

Sample

These are the most amazing and exciting calendars you will ever see. (1) These are the
images that will be used in the calendar. (2) Simply put, our calendars express emotion
and put a smile on people's faces. (3) Since every one of our calendars are printed
specifically with your needs in mind, we provide the ability to develop a calendar unlike any
other calendar. (4) That's because we place personalized names that you submit into each
month's image.

Q. **Identify the option that does NOT belong.**

(a) (1)

(b) (2)

(c) (3)

(d) (4)

 풀이 적용

1. 소비자 취향에 닿게 달력을 제작해 준다는 것이 주 내용이다.

2. 즉 달력에 대한 흥미로운 내용이 주 내용이 되고 있다.

3. 그러나 (1)은 전체적인 대의에 다소 어긋나게 단순히 달력에 사용될 이미지만을 언급하고 있다.

1.

Most smokers try to stop multiple times before kicking the habit, and fewer than 10% will succeed in abstaining without medicine or counseling. (1) Nearly 1 in 5 Americans are risking cancer, heart disease and a shortened lifespan. (2) They continue to light up even as employers increasingly charge higher health insurance premiums for smokers. (3) Nicotine's hold on the brain is not easily broken. (4) Use of nicotine gum before quitting also helps people stop smoking.

Q. **Identify the option that does NOT belong.**
- (a) (1)
- (b) (2)
- (c) (3)
- (d) (4)

2.

A few months ago I made a list of all the phone numbers I have. It disturbed me a bit. (1) I started with the usual trio of home, office, and cell. (2) Then I added a BlackBerry that I use primarily for e-mail, but also the occasional call when my Motorola KRZR runs out of power. (3) You don't have one another's cell numbers, so now you're doomed to a game of phone tag. (4) A second phone line at home, one at a vacation home, and a fax line at home, brought the total to seven phone numbers.

Q. **Identify the option that does NOT belong.**
- (a) (1)
- (b) (2)
- (c) (3)
- (d) (4)

1.

Most smokers try to stop multiple times before kicking the habit, and fewer than 10% will succeed in abstaining without medicine or counseling. (1) Nearly 1 in 5 Americans are risking cancer, heart disease and a shortened lifespan. (2) They continue to light up even as employers increasingly charge higher health insurance premiums for smokers. (3) Nicotine's hold on the brain is not easily broken. (4) Use of nicotine gum before quitting also helps people stop smoking.

Q. **Identify the option that does NOT belong.**

    (a) (1)

    (b) (2)

    (c) (3)

    (d) (4)

▶ 오답과 정답 분석

정답 분석

주어진 지문에서는 금연의 어려움과 중독성에 대해서 언급하고 있다. 따라서 (1)~(4)의 문장을 살펴보았을 때 (4) 만이 금연 보조제에 관한 내용이기 때문에 글의 흐름과는 무관하다고 할 수 있다.

오답 분석

정답 (4)를 제외하고는 글의 흐름이 서로 일치한다. 주어진 지문은 금연의 어려움과 중독성에 관한 것이고 (1), (2), (3) 모두 이에 대한 설명이기 때문에 답이 될 수 없다.

2.

A few months ago I made a list of all the phone numbers I have. It disturbed me a bit. (1) I started with the usual trio of home, office, and cell. (2) Then I added a BlackBerry that I use primarily for e-mail, but also the occasional call when my Motorola KRZR runs out of power. (3) You don't have one another's cell numbers, so now you're doomed to a game of phone tag. (4) A second phone line at home, one at a vacation home, and a fax line at home, brought the total to seven phone numbers.

Q. **Identify the option that does NOT belong.**

    (a) (1)

    (b) (2)

    (c) (3)

    (d) (4)

오답과 정답 분석

정답 분석

글의 첫 문장을 살펴보면 전화번호의 리스트를 만들었다고 하였다. 이어지는 내용은 리스트를 만드는 과정에 대한 것이다. 반면 (3)은 과정과는 관계 없으며 단지 이유를 설명하는 것이기 때문에 글의 흐름과 관계없다.

오답 분석

글의 전반적인 흐름과 일치하는 것이 오답이다. (1), (2), (4)는 전화번호 리스트를 만드는 과정에 대한 문장이기 때문에 글의 흐름과 일치한다. 따라서 오답이 된다.

1.

The book cost $2 million at auction, but large sections are unreadable. (1) Some of its 348 pages are torn or missing and others are covered with sprawling purple patches of mildew. (2) Sooty edges and water stains indicate a close escape from a fire. (3) "This manuscript is, by far, the worst of any manuscript I've ever seen," said William Noel, curator of manuscripts for the Walters Art Museum in Baltimore, where it now resides. (4) It is an exceptional treasure—the oldest surviving copy of works by the ancient Greek mathematician and engineer Archimedes of Syracuse, who lived in the 3rd century BC.

Q. **Identify the option that does NOT belong.**
   (a) (1)
   (b) (2)
   (c) (3)
   (d) (4)

2.

Vitamins and iron are naturally occurring substances necessary for many processes in the body. (1) Accidental overdose of iron-containing products is a leading cause of fatal poisoning in children under 6. (2) Vitamins and iron are found in the foods we eat. (3) Multivitamins and iron are available in tablets, capsules, liquids, and injections. (4) Multivitamins with iron are used to treat vitamin and iron shortages in the body that may occur because of illness, pregnancy, poor nutrition, decreased absorption of foods through the stomach, and many other circumstances.

Q. **Identify the option that does NOT belong.**
   (a) (1)
   (b) (2)
   (c) (3)
   (d) (4)

3.

We may have the most complex brains of any primate, says University of Chicago geneticist Chung-I Wu. (1) But chimpanzees' brains are evolving faster. (2) Wu and his colleagues compared DNA sequences of genes expressed in the brains of humans, chimpanzees, and Old World monkeys. (3) They found that while other primates seem to be experiencing rapid changes, humans' brain genes are surprisingly static. (4) Change a gene too much and it will be unable to continue its existing functions.

Q. **Identify the option that does NOT belong.**
  (a) (1)
  (b) (2)
  (c) (3)
  (d) (4)

4.

The action of a filter is to stop certain colors of light. (1) That is, rays of some colors are allowed to pass through freely, while others are partially or wholly absorbed. (2) This is the fundamental concept of a filter, and should be kept in mind whenever a filter is to be used. (3) All yellow transparent substances are not suitable as filters, because some transmit freely the ultraviolet and yet appear identical to others which absorb it completely. (4) Because a filter selectively absorbs certain rays, it necessarily appears colored.

Q. **Identify the option that does NOT belong.**
  (a) (1)
  (b) (2)
  (c) (3)
  (d) (4)

Blood and Blood Pressure
혈액과 혈압

출제 경향 파악

혈액(blood)이란 우리 몸에서 반드시 필요한 존재이다. 특히 혈압(blood pressure)은 우리 몸의 건강 정도를 나타내는 데 있어 필수적인 존재이다. 그래서 TEPS에는 혈액의 주 구성 성분과 혈압에 대한 이야기가 주로 나온다. 또한 혈액과 관련된 질병 중 백혈병은 혈액 속에 비정상적인 백혈구가 지나치게 증식돼서 정상적인 백혈구의 생성을 억제하여 면역체계에 이상을 일으키는 병이다. 백혈병(leukemia)에서의 leuk-는 하얀색을 드러내는 말이다. 또한 성인병 중에서도 무서운 고혈압(hypertension)은 원인과 처방에 대해서도 자세하게 시험에 나오고 있다.

STEP 1 THEME RESEARCH

1.

In a single drop of human blood there are five million r___d blood cells, eight thousand w___ite blood cells, and three hundred fifty thousand pla___elets! The red blood cells have a lifespan of five months, while the white cells live only a few weeks. New blood cells are constantly being manufactured by marrow in the bones.

2.

If your blood pressure suddenly re___isters high, do not be alarmed. Stress, exercise, caffeine, and food in___ake can temporarily raise blood pressure with no lasting effects. Consequently, those who check their blood pressure should do so several times over a set period.

Translation

1. 사람의 피에는 한 방울에도 5백만 개의 적혈구와 8천 개의 백혈구, 그리고 3십 5만 개의 혈소판이 들어 있다. 적혈구의 수명은 다섯 달인데 반해, 백혈구는 불과 몇 주 동안만 살아 있다. 그래서 뼈에 있는 골수에서는 끊임없이 새로운 혈구들 만들어내고 있다.

2. 만약 당신의 혈압 수치가 갑자기 높게 나온다면 놀라지 마라. 스트레스, 운동, 카페인 그리고 음식 섭취는 지속적인 효과 없이 일시적으로 혈압이 올라가게 할 수도 있다. 결과적으로 혈압을 점검하는 사람들은 일정 기간에 걸쳐 여러 차례 해야 한다.

STEP 2 Words and Expressions

어구 해설

red blood cell 적혈구
white blood cell 백혈구
marrow 골수
blood pressure 혈압
alarmed 불안해하는, 깜짝 놀란
set 정해진

POP Quiz

다음 어휘나 어구의 뜻을 빈칸에 써 넣으시오.

1. donor _____
2. hypertension _____
3. blood transfusion _____
4. heartbeat abnormality _____

ANSWER

STEP 1   1. red blood cells / white blood cells / platelets
2. registers / food intake

STEP 2   1. 기증자   2. 고혈압   3. 수혈   4. 심장 부정맥

1.

Recently, a man dying of a blood disease had an available donor, his cousin. The cousin refused to donate some of his bone marrow, and the ill man sued. The courts upheld the prospective donor, thereby likely condemning the sick man to death. I think that the refusal to donate blood was immoral and that the healthy man should have been forced to give his marrow.

Q. **Which of the following is correct according to the passage?**
  (a) The healthy man would have been at risk during the procedure of drawing bone marrow.
  (b) The courts should have the power to stop immoral behaviour.
  (c) The sick man would definitely have died without his cousin's marrow.
  (d) The sick man would definitely have recovered with his cousin's marrow.

오답과 정답 분석

정답 분석

친척임에도 불구하고 골수를 기증하지 않은 사촌에 대하여 도덕적으로 골수를 기증하게 해야 하지 않는가라는 것이 필자의 주장이므로 이에 대하여 시정이 있어야 한다는 내용의 (b)가 정답이 된다. 혈액병 환자에게 골수는 자연적으로 생성이 힘들고 반드시 기증을 받아야 한다는 점이 독해에서 자주 출제됨을 명심해야 한다.

오답 분석

(a) 건강한 사람이 골수를 기증한다고 해서 위험에 처하지는 않는다. 물론 그러한 사실이 내용 중에 제시된 것도 아니다. 또한 지문만으로는 (c), (d)처럼 생사의 내용을 확연하게 알 수 없다.

2.

People who must endure loud environments may risk more than their ears. Studies show they can suffer elevated levels of cholesterol and more stomach ulcers, high blood pressure and more heartbeat abnormalities than people who live and work in quieter environments. Loud noise triggers the body's "fight" response—a rise in the level of adrenalin, and subsequent increase in blood pressure and contraction of muscles.

Q. **Which of the following is most likely to precede this passage?**
   (a) The necessity of an environmental policy
   (b) The relation between the environment and heartbeat
   (c) The effect of noise on ears
   (d) Kinds of diseases caused by noise

 오답과 정답 분석

정답 분석

첫 번째 문장에서 People who must endure loud environments may risk more than their ears.라고 기술하고 이후 소음이 청각 기관 이외에도 신체에 여러 악영향을 미친다는 것을 설명하고 있다. 따라서 지문 이전에는 소음이 청각 기관에 미치는 영향에 대하여 기술하였을 것이다.

오답 분석

(a) The necessity of an environmental policy, 즉 필요성은 아직은 제시되어 있지 않다. (b) The relation between the environment and heartbeat은 제시는 되어 있지만 큰 주제로 보기는 힘들다. (d)는 소음이 주는 부정적인 영향을 언급하고는 있지만 반드시 disease, 즉 질병에만 국한된 내용은 아니다.

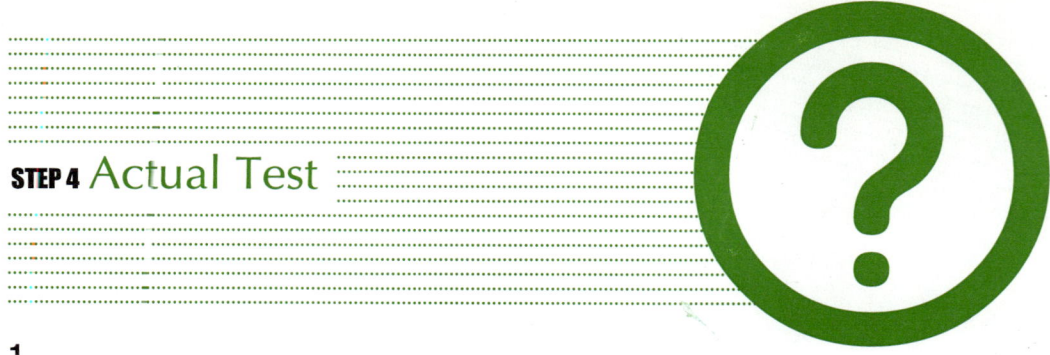

STEP 4 Actual Test

1.

Take Care of Your Heart

High blood pressure indicates the heart is working too hard to pump the blood throughout the body. Eventually, in an attempt to keep blood flowing, the heart muscle enlarges. Unless blood pressure is lowered, the heart may dilate and stop beating altogether. Ironically, hypertension also causes blood vessels to thicken, further increasing resistance, and elevating blood pressure. This process, known as reactive arteriosclerosis, jeopardizes the entire cardiovascular system. Under these circumstances, everybody is potentially at risk for heart disease, stroke and kidney failure. When people suffer from hypertension, the effects are subtle and they are usually not aware of it. That is why regular check-ups are necessary. In the event of high blood pressure, doctor and patient must work together to ensure that the patient works to (1) reduce blood pressure quickly and safely, (2) change lifestyles to eliminate stress, (3) maintain correct weight, (4) eat the right foods and (5) ensure a proper vitamin intake, by capsule if necessary.

Q. What does it mean if a person has high blood pressure?

(a) His heart is weak.

(b) He is getting old.

(c) He needs to change his diet.

(d) His heart is working too hard.

2.

In 1971, Shirley Nolan, an English literature teacher, gave birth to a son, Anthony. He suffered form a rare deficiency of the immune system. Two years later the world's first successful bone marrow transplant using an unrelated donor was performed and Mrs. Nolan hoped the procedure could save Anthony's life. Discovering that there was no list of potential donors, she embarked on a tireless campaign to encourage people to have their tissue-type tested and registered. Her son died in 1979 without any matching donor having been found, but Mrs. Nolan continued to campaign for tissue-type registration.

Q. What does tissue-type registration help find?

(a) Diseases of the immune system

(b) Compatible bone marrow donors

(c) Medical treatment for the disease

(d) New effective medical procedures

Section Switch

Chapter 9에 나와 있는 TEPS 필수 어휘입니다.

- ☐ **abstain** 절제하다, 끊다
- ☐ **adrenalin** 아드레날린
- ☐ **arteriosclerosis** 동맥 경화증
- ☐ **bone marrow** 골수
- ☐ **cardiovascular** 심장 혈관의
- ☐ **condemn** 선고하다, 선언하다
- ☐ **contraction** 수축, 위축
- ☐ **deficiency** 결핍
- ☐ **dilate** 팽창하다
- ☐ **disturb** 어지럽히다, 혼란시키다
- ☐ **doomed to** ~할 수밖에 없는 운명인
- ☐ **embark on** 착수하다
- ☐ **geneticist** 유전학자
- ☐ **high blood pressure** 고혈압
- ☐ **hold** 지배력, 위력
- ☐ **hypertension** 고혈압
- ☐ **immoral** 부도덕한
- ☐ **immune system** 면역 체계
- ☐ **injection** 주사(액)
- ☐ **intake** 흡입
- ☐ **in the event of** 만일 ~의 경우에는
- ☐ **jeopardize** 위태롭게 하다
- ☐ **kidney failure** 신부전(증)
- ☐ **light up** 담배에 불을 붙이다
- ☐ **mildew** 곰팡이
- ☐ **multivitamin** 종합 비타민제
- ☐ **occasional** 이따금씩의, 가끔의
- ☐ **Old World** 유럽
- ☐ **overdose** 과다 복용
- ☐ **patch** 얼룩, 반점
- ☐ **personalize** 개인화하다, ~에 이름을 넣다
- ☐ **phone tag** 연락을 취할 수 없는 상태
- ☐ **primate** 영장류
- ☐ **prospective** 예상된, 기대되는

- ☐ **reactive** 반응을 나타내는, 반응적인
- ☐ **sooty** 그을은, 그을음으로 더러워진
- ☐ **sprawling** 유유히 자리잡고 있는, 불규칙하게 퍼져가는
- ☐ **stain** 얼룩
- ☐ **static** 정지하고 있는, 변화하지 않는
- ☐ **stomach ulcer** 위궤양
- ☐ **stroke** (뇌졸중 등의) 발작
- ☐ **submit** 의견으로서 말하다, 제안하다
- ☐ **sue** 고소하다, 소송을 제기하다
- ☐ **tablet** 알약, 정제
- ☐ **tireless** 지칠 줄 모르는, 부단한
- ☐ **transmit** (빛을) 투과시키다
- ☐ **transparent** 투명한
- ☐ **transplant** 이식 (수술)
- ☐ **trigger** 유발하다, 일으키다
- ☐ **unrelated** 혈연이 아닌
- ☐ **uphold** 지지하다

Final Test

파이널 테스트 1

파이널 테스트 2

Final Test 1

Part I

1-15. Read the passage. Then choose the option that best completes the passage.

1. _____ is the discarded portion of many common consumer products. Hazardous waste and products may be found all around a business. Due to their chemical makeup, many business hazardous products can poison, corrode, explode or burst into flames. The improper use, storage or disposal of these products may pose a threat to the health of humans, animals and the environment. Please check with your local solid waste management division to find the proper way to discard of your hazardous waste.

(a) Business hazardous waste
(b) Chemical waste
(c) A threat to the health of humans
(d) Discarding your hazardous waste

2. _____ in America left the Union Station in Washington, D.C. today, bound for New York City, and eventually to Boston. The new train made the connection in just two hours and 26 minutes, actually arriving two minutes ahead of schedule. Tickets from D.C. to New York cost only $19 more than the half-hour-slower Metroliner. The bullet trains, known as Acela Express, hope this will lead to more bullet trains across the U.S., but if they fail, the whole Amtrack establishment could fail. Amtrack officials hope to pull in $180 million a year to stay solvent.

(a) The first bullet train
(b) The new transportation between cities
(c) The new bus system
(d) The whole Amtrack

3. The Automobile Club of Southern California is seeking career-minded individuals for our Sales Agent Trainee opportunities. Our Sales Agents engage in sales activities and work in a local office providing the industry's most comprehensive membership and insurance products. Prior insurance industry experience is _____, but a plus. Work days include some evenings, weekends and holidays.

    (a) highly recommended
    (b) not required
    (c) an indispensable condition
    (d) the most important condition

4. Manufacturers encourage the "new is better" attitude. They'll make more money if we buy a new model as soon as the old one fails. They've even invented items that are meant to be used once and discarded. There are not only paper plates and napkins, but even disposable razors and cameras. Also fix-it shops are getting rare. Why should we repair the old when we can buy the new? _____, junkyards are filled with still-usable items. We don't reuse or recycle, which would save us money.

    (a) At first
    (b) As a result
    (c) On the contrary
    (d) By all means

5.   Last winter, my sweetheart and I went to a restaurant early in the evening on a gloomy, chilly day. We enjoyed our feast, and although everything was delicious, the *cavolo nero* was so melt-in-your-mouth tender that I swear I can still taste it. I've tried to replicate it several times (my family and I have definitely enjoyed my black kale experiments), but none of them has _____ Suzanne Goin's version. If she would share her recipe, I'd be eternally grateful.

(a) shared the recipe from
(b) never tasted
(c) ever heard of
(d) quite come close to

6.   Recently buyers who were in contract to purchase a home in Oakland asked the seller to credit them money in escrow. The money was to be applied toward repairs that were recommended in the course of the buyers' inspections. The sellers were offended. They had agreed to sell for significantly less than their asking price. They weren't inclined to make any further concessions. So they _____ the buyers' request and told their agent to put the house back on the market. The buyers, realizing that they were buying the house at a fair price, removed their inspection contingency and the sale went through.

(a) turned down
(b) were turned down
(c) agreed with
(d) were agreed with

7. Fed up with the climbing wall at your local indoor sports center? Then make haste for the village of Yangshuo, in China's Guangxi province. With its undulating fairy-tale peaks, snaking rivers and emerald rice paddies, there can be few finer places to dangle from the end of a nylon rope, and that's why Yangshuo is _____ as China's rock-climbing capital. You don't have to be Spider-Man either: local operators now cater to everyone from school kids to corporate groups.

(a) slow disappearing
(b) fast emerging
(c) slow showing
(d) fast combining

8. Meet K-bot, probably the most sophisticated robot head yet developed. It is the creation of David Hanson, a former Disney employee now working at the University of Texas-Dallas. The android head has cameras behind its eyes that will follow your movements; sophisticated software drives tiny motors under the polymer skin to _____. K-bot will smile, sneer, frown and even squint. Its 24 mechanical muscles react in under one second to produce the copycat visage.

(a) follow your behavior
(b) imitate your facial expressions
(c) read your mind
(d) understand your voice

9.   The _____ are small, blind, and wingless, with soft bodies. They make up the majority of the colony and do all the work. Soldiers are also wingless and blind but are larger than the workers and have hard heads and strong jaws and legs. They defend the colony and are cared for by the workers. The male and female of the reproductive class remain inside a closed-in cell where the female lays thousands of eggs. The workers place the eggs in cells and care for them.

   (a) worker termites
   (b) soldier termites
   (c) female termites
   (d) reproductive classes

10.   A nibble a day of dark chocolate _____ without packing on the pounds. Now it seems just a 30-calorie bite of dark chocolate can lower blood pressure without weight gain or other negative side effects. "Regular intake of small amounts of dark chocolate can help to lower blood pressure," said Dr. Dirk Taubert of University Hospital of Cologne, Germany, whose study appears in the Journal of the American Medical Association. Dark chocolate contains polyphenols—a group of chemical substances that are believed to carry health benefits.

   (a) can increase blood pressure
   (b) can make negative side effects
   (c) is believed to carry health problems
   (d) helps lower blood pressure

11. In the face of economic depression, Lehman Brothers Holdings Inc. said quarterly profit rose 27 percent, _____, on surging revenue from bond underwriting and stock trading. Lehman Chief Executive Richard Fuld Jr. has been investing heavily in businesses ranging from merger advisory to asset management to equities trading, all of which helped fuel a 25 percent increase in overall revenue. Strength in those areas helped offset weakness in the U.S. mortgage market, which contributed to a 14 percent decline in bond trading revenue.

(a) answering our expectations
(b) contributing to a decline in bond trading
(c) fueling the anxiety of the stock market
(d) beating expectations

12. Even weirder than dark matter, the invisible stuff constituting most of the mass of the universe, is _____ which is a mysterious force pushing the universe apart at an ever-faster rate. Weirder still is a recent discovery that dark energy has been around for most of the history of the cosmos. "Nine billion years ago, dark energy was already wielding its repulsive influence on the universe," explains Johns Hopkins University astrophysicist Adam Riess. But the repulsion didn't win out against the force of gravity until 5 billion years ago, when cosmic expansion kicked into high gear and began accelerating.

(a) dark matter
(b) dark energy
(c) cosmic expansion
(d) cosmic repulsion

13. NASA has selected proposals, including two from the Jet Propulsion Laboratory in Pasadena, Calif., for future lunar science activities. _____, the agency has established two new programs that will enhance research made possible by the Vision for Space Exploration. The proposals and programs are part of an effort by NASA to develop new opportunities to conduct important science investigations during the planned renewal of human exploration of the moon.

(a) However
(b) Nevertheless
(c) Although
(d) In addition

14. Crimes include both felonies and misdemeanors. Felonies are usually crimes punishable by imprisonment of a year or more, _____ misdemeanors are crimes punishable by less than a year. However, no act is a crime if it has not been previously established as such either by statute or common law. Recently, the list of federal crimes dealing with activities extending beyond state boundaries or having special impact on federal operations has grown.

(a) however
(b) although
(c) nevertheless
(d) while

15. We all know how frustrating it is when you go to the gym _____ don't see your body changing. It can be discouraging to do all that hard work and not see any physical change. What can you do to see real results when you work out? Improper diets hold back 90% of people from seeing the results that they desire. Going to the gym is easy, eating healthy meals day in and day out is not. The healthier the diet and the more whole foods it contains, the greater the positive effect there will be on the endocrine system.

(a) and
(b) so
(c) but
(d) when

Part II

16-37. Read the passage and the question. Then choose the option that best answers the question.

16. If you run a small business on the side, whether it's network marketing or woodworking, don't lose track of those receipts! A trip to a restaurant that includes a discussion of products, highway tolls, office supplies, records of mileage from place to place, telephone calls, etc., are tax-deductible, as long as you keep good records and can prove the expense, however small, is business-related. Be sure to keep all your records and receipts in a good place, in large envelopes or in a file cabinet so you can record them at the end of the year and have proof should you be audited.

Q. **What is the passage about?**
(a) Don't go into business for yourself.
(b) The government is out to get you.
(c) Keep a close watch on your expenses.
(d) Get receipts from every toll booth.

17. John F. Kennedy International Airport cleared most birds off the premises with the help of three falcons and three hawks. J.F.K. also employs psychological warfare, creating the illusion of a catch by giving the raptors dead gulls to feed on and playing tapes of gull distress calls. The raptors terrorize, but are trained not to catch gulls. Between June and October in 2001, 60 dead gulls were found near runways and presumed to have been sucked into engines or killed by engine wash. During the same period in 2002, with the falconry program in force, that number fell to 30. The total number of birds hitting planes fell from 189 to 73.

Q. **What is the passage about?**
(a) The incurable bird pest
(b) How to get rid of birds
(c) The eco-solution to airport bird pests
(d) The decreasing number of birds near airports

18. There are two main ways in which the English language is written by hand. The first form is called printing. It looks much like the letters in this book. They are not connected. The second method of writing is called cursive. Cursive letters are slanted to one side. They are usually connected. Printing is usually learned before cursive writing. Each person has a unique cursive writing which is difficult to copy exactly. Some people believe that your handwriting reveals a lot about your personality. The study of predicting a person's character or personality from handwriting is called graphology.

Q. **What can be inferred from this passage?**
(a) Cursive writing is more complicated than printing.
(b) Printing is more beautiful than cursive writing.
(c) Predicting personality is rather easy.
(d) More intelligent people tend to prefer cursive writing.

19. Torts are civil wrongs recognized by law as grounds for a lawsuit. These wrongs result in an injury or harm constituting the basis for a claim by the injured party. While some torts are also crimes punishable with imprisonment, the primary aim of tort law is to provide relief for the damages incurred and deter others from committing the same harms. The injured person may sue for an injunction to prevent the continuation of the tortious conduct or for monetary damages. Among the types of damages the injured party may recover are: loss of earnings capacity, pain and suffering, and reasonable medical expenses. They include both present and future expected losses.

Q. **Which of the following is correct about torts according to the passage?**
(a) The primary aim of tort law is to keep citizens from doing harm penally.
(b) Torts are crimes that cannot be punished by imprisonment.
(c) The injured party cannot call for monetary compensation.
(d) Compensations through tort law can cover reasonable medical expenses.

20. A group of researchers have identified two seismic events that they think provide the first evidence of a previously undetected form of matter passing through the Earth. The two events under study both took place in 1993. Other scientists are tantalized, saying that while these seismic disturbances are unlikely to have been caused by strange quark matter, they do not as yet have alternative explanations. Strange quark matter could have arisen after the Big Bang, according to a theory by physicist Edward Witten of the Institute for Advanced Study in Princeton, U.S. The primordial fireball may have produced dense, heavy particles made of three types of quarks, which are fundamental particles.

Q. **Which of the following is correct according to "other scientists"?**
(a) Two earthquakes were caused by strange quark matter.
(b) They think that strange quark matter must have existed before the Big Bang.
(c) They are very much pleased by the evidence.
(d) They denied the correlation between strange quark matter and seismic events.

21. Should we be told if a monster rock is heading our way? Researchers wrestled with this question at the annual meeting of the American Association for the Advancement of Science (AAAS) in Denver. Some suggested there was no point worrying the global population about its imminent demise. "If there is absolutely nothing you can do about it—you can't intercept it, you can't move people out of the way—then it makes no sense to incur social costs from whatever panic or overreaction there will be," argued Geoffrey Sommer, of the Rand Corporation, who has been studying how policymakers should react and prepare for doomsday. "If an extinction-type impact is inevitable, then ignorance for the populace is bliss."

Q. **Which of the following is correct according to the passage?**
(a) Every researcher agreed that we don't have to be told if a monster rock is heading our way.
(b) There is nothing we can do about a collision with a monster rock.
(c) We should do our best to evade the collision.
(d) Some researchers said that people should not be told of an extinction-type impact should it be inevitable.

22. How do you know when environmentalism has really gone mainstream? When the leaders of some of the nation's dirtiest industries start playing the green card. Take the oil industry. Giants like ConocoPhillips, Shell and BP America just did what was once unthinkable: they joined calls for federal legislation requiring reductions in greenhouse gas emissions. David Hawkins, climate center director for the Natural Resources Defense Council, first noticed a change in corporate America's attitude toward the environment about two years ago. He attributes it to the intense pressures on companies to go green.

Q. **What can be inferred from the passage?**
(a) Companies in dirty industries paid high attention to environmental issues in the past.
(b) Companies in dirty industries tried to increase gas emissions.
(c) Companies in dirty industries didn't care for any environmental issues in the past.
(d) Companies in dirty industries participated in an environmental association in the past.

23. Looking for a great deal on appliances, without all the hassle? Visit The Maytag Store for appliances in Lynnwood. The stores are clean, well-stocked with appliances and full of helpful salespeople who really know their stuff. And our prices are cheap, too. We are your Seattle area source for appliances—refrigerators, stoves, ovens, dishwashers, gourmet kitchen appliances like wine coolers, appliances for your outdoor kitchen, and much more!

Q. **What is Maytag Store mainly selling?**
(a) Kitchen utensils
(b) Gardening implements
(c) Cleaning outfits
(d) Home appliances

24. Google finally put the world's oceans on the map. During a splashy presentation at the California Academy of Sciences, the Internet giant unveiled new water features for Google Earth, the online replica of the planet that anyone can search. Three years ago, renowned marine scientist Sylvia Earle told John Hanke, who helped create Google Earth, that she loved the way the program helped people get to know the planet. But, she pointed out, Google had overlooked two-thirds of it.

Q. **What is "the overlooked two-thirds of it"?**
(a) Google Earth
(b) An online replica
(c) The ocean
(d) The earth

25. Today, many people think more carefully about what they throw away, and many things are saved and used again. Each year, for example, forty-six billion glass bottles or jars are produced. One in fifteen of these bottles will be used again. Almost fifty percent of all aluminum cans come from recycled aluminum.

Q. **Approximately how many bottles are recycled each year?**
(a) One billion
(b) Three billion
(c) Fifteen billion
(d) Twenty-three billion

26. In one embodiment of the present invention, the laser printer comprises three diode lasers which are mounted in a generally linear arrangement. Each of the lasers emits light at a different wavelength, and each laser beam is modulated in accordance with an image signal which represents one of the primary colors. Each of the laser beams is passed through cylindrical lenses which focus the beam at a registration plane, and after passing through the cylindrical lenses, the beams are superimposed by means of two dichroic plates to form a combined beam.

Q. **What is the name of the device combining each beam?**
(a) A registration plane
(b) A scanning lens
(c) Diode lasers
(d) Dichroic plates

27. If you don't want to spend a fortune on animal boarding, you have other options. They just might require work. Most importantly, you have to keep your house clean. Vacuum every day, even twice a day. A house full of pet hair can be a huge turn off to non-pet owners. When vacuuming, pay careful attention to the corners and edges of carpeting. Unsightly animal hair can build up in these areas and may not always be picked up by normal vacuum cleaners. Lint rollers come in handy for cloth furniture and other areas that are difficult to vacuum.

Q. What is the writer's likely job?
(a) A cleaner
(b) A vacuum cleaner salesperson
(c) A real estate agent
(d) An animal doctor

28. In the 1700's, a boundary quarrel arose between Pennsylvania and Maryland. In 1763, the two called in two English astronomers, Charles Mason and Jeremiah Dixon, who completed their survey in 1767. The surveyors set up milestones to mark the boundary. Through the years, occasionally a dispute arose as to the exact location of the line. But surveys made in 1849 and 1900 showed there was no important error in the line Mason and Dixon decided upon. A survey during the 1960's resulted in a slight shift of the line, which is now at 39 degrees 43 minutes 19.521 seconds north latitude.

Q. What can be inferred from the passage?
(a) The dispute about borders disappeared after the Mason-Dixon Line was established in 1767.
(b) The Mason-Dixon Line still remains in the same position as the original line.
(c) All the original stone markers were replaced by the border shift.
(d) The Mason-Dixon Line was slightly changed from where it originally was.

29. Here at Everclear Community Hospital we believe in a strong patient-to-doctor relationship. We encourage our staff to be kind and courteous, and treat you, the patient, with the utmost care that you would expect from any member of your family. We do, however, understand that problems do arise, and that's why we posted our Patient's Bill of Rights in every room in the hospital. If you have any questions, our social workers will be on hand to answer them for you.

Q. **Which of the following can be inferred from the statement?**
(a) Patients completely run Everclear Community Hospital.
(b) Doctors are always kind and courteous at Everclear.
(c) Patients have the right to be aware of their rights.
(d) Family members are allowed to visit patients at all times.

30. Mohenjo-Daro was one of the largest settlements in the area covering more than 200 acres. Another large city, Harappa, had as many as 20,000 people. The Indus Civilization experienced two phases: an earlier civilization which had large settlements such as Mohenjo-Daro and Harappa, and a later Indus Valley culture with small farming villages. Artifacts of the later civilization are similar to the earlier civilization, but indicate more regional diversification. The earlier civilization is believed to have been abandoned due to ecological changes in the valley causing it to fade into obscurity.

Q. **What can be inferred from the passage?**
(a) The city of Harappa was a small city with few inhabitants.
(b) The city of Harappa was thought to have been built later in the civilization.
(c) The city of Harappa was thought to have been built earlier in the civilization.
(d) The city of Harappa was a synonym of Mohenjo-Daro.

31. The forefather of modern linguistics was Ferdinand de Saussure. The work of de Saussure led to many radical transformations in the field throughout the last century. Perhaps the most important of these was Noam Chomsky's work. Chomsky believed we acquire language-specific rules in our formative years. As well as the profound change in linguistics proper, the science has also seen a variety of sub-disciplines. These include sociolinguistics, the study of language and society, psycholinguistics, the study of language and mental processes, and computational linguistics, the manipulation of language by computers.

Q. **Which of the following is most likely to follow this passage?**
(a) The importance of Sanskrit
(b) Subdisciplines of linguistics
(c) How humans develop their linguistic abilities
(d) Phonetics as a science in the eighteenth century

32. The national census has expanded to quench the federal bureaucracy's ever-growing thirst to govern every aspect of American life. The new survey is taken each and every year at a cost of hundreds of millions of dollars. And it's not brief. It contains 24 pages of intrusive questions concerning matters that simply are none of the government's business, including your job, your income, your physical and emotional heath, your family status, your dwelling, and your intimate personal habits. The questions are both ludicrous and insulting. It goes on and on, mixing inane questions with highly detailed inquiries about your financial affairs.

Q. **What is the tone of the passage?**
(a) Lukewarm
(b) Descriptive
(c) Critical
(d) Hilarious

33. The best solution for overcoming the clogged kitchen sink is called "Plumber's Secret." It's not a chemical, but a kit that allows you to blow pressurized air down through the pipe, pushing the clog out of it. When you do this, you must use a rag or something to block any other drains in the area, or clogs can come spraying out of them! This can be particularly dangerous if you've already poured a bunch of chemicals down the drain. Plumber's Secret works, and actually fixes the problem, instead of just making the sink "OK" for a while.

Q. **What is the purpose of this passage?**
(a) To inform how to use "Plumber's Secret"
(b) To advertise "Plumber's Secret"
(c) To give information about clogged kitchen sinks
(d) To inform of a chemical that fixes clogged kitchen sinks

34. Giant pandas usually live alone in bamboo forests. They eat mainly bamboo. The average panda eats 30-60 pounds of bamboo leaves, stems, and shoots a day. It eats for about 10 to 12 hours a day. Pandas in zoos, however, can survive on a diet of cereals, milk, and garden vegetables. Female giant pandas give birth to one or two cubs. Newborns weigh about 4 ounces. They are blind and have a sparse coat of fur. At 5 months of age, they begin to eat bamboo. After about 18 months old they become independent.

Q. **What is the author's attitude in this passage?**
(a) Disrespectful
(b) Hostile
(c) Demeaning
(d) Descriptive

35. The big crowds now attending the night games, the brilliance of the spectacle, the miracle of the spinning turnstiles—all these seem sufficient evidence that what is needed is not less night ball, but more. The fact remains, however, that despite all the apparent success, some of the shrewdest, most experienced men in baseball remain unconvinced of the miracle. They are steady in their preference for daytime baseball, and they view with increasing distrust the race towards more nights. It could be that these men are simply being obstinate.

Q. **What is the tone of this passage toward the future of night ball?**
(a) Uncertainty
(b) Confidence
(c) Criticism
(d) Optimism

36. As a parent, you now have a unique opportunity to help choose the appropriate polio vaccination schedule for your child. Your participation is an important factor in determining which vaccination option is to be used. After your doctor has discussed these options with you, he or she will decide the appropriate one for you. As you have learned in this booklet, both eIPV and OPV are effective in protecting your children against polio. However, while OPV has been largely responsible for eliminating wild-type polio, there are still concerns about vaccine-associated paralytic polio. That's why it's so important to ask your doctor which polio vaccination option is right for your child and your family.

Q. **What is this passage mainly about?**
(a) Different kinds of childhood diseases
(b) Parental decisions about immunizations
(c) The harmful side effects of vaccines
(d) What can happen if polio strikes

37. The first popular artificial language was called Volapuk. Invented in 1886 by a German priest, it rose to popularity quickly. Its inventor, Fr. Johan Schleyer, took Latin roots, changed their spelling and structure to fit a set of strange pronunciation and phonetic rules, combined them with a complex Germanic grammar system, and added a set of arbitrary affixes. Volapuk's downfall was sure and swift. Two factors insured it: a dispute over the language, and the rise of Esperanto. Volapuk is usable in its written form. Speaking it, however, is another matter; and understanding it when it is spoken is even more of a challenge.

Q. **What is this passage mainly about?**
(a) The defects of Volapuk and the rise of Esperanto
(b) The impact of artificial languages
(c) A brief history of the human quest for efficient artificial languages
(d) Limitations of Volapuk as an artificial language

Part III

38-40. Read the passage. Then identify that does NOT belong.

38. People may decide to study foreign languages for various reasons. (a) Learning a new language inevitably leads to a widening of intellectual experience. (b) They may do so for the immediate purpose of satisfying the requirements of some public examination or of getting greater fun and enjoyment out of a holiday abroad. (c) Men on business may have to deal directly or indirectly with foreign correspondence. (d) And research workers may realize the importance of being able to read the latest accounts of advances made in their subject as soon as they are published in foreign journals, without waiting for a translator.

39. After ten years and over 100,000 miles, the time had come to replace my beloved old car. (a) Since I'm always on the prowl for a deal, a friend of mine suggested that I look into buying a certified pre-owned (CPO) vehicle. (b) I couldn't deflect a large chunk of the depreciation costs that force new cars to lose their value so quickly. (c) So I did my research, and what I discovered thrilled me. (d) Turns out that buying a CPO vehicle offers all of the financial benefits of buying a used car.

40. When the Mars Global Surveyor left Earth in 1996, engineers gave the $220 million spacecraft a life expectancy of about one Martian year. (a) In fact, the surveyor soldiered on for 10 years with barely a scratch. (b) Then its processors somehow misfired last November, executing a fatal set of commands. (c) There is much hope that NASA will hear from Surveyor again. (d) Project manager Tom Thorpe says the error might have caused the spacecraft to expose a sensitive panel to the sun and it probably fried the battery.

Final Test 2

1-14. Read the passage. Then choose the option that best completes the passage.

1. Torts fall into three general categories: intentional torts; _____; and strict liability torts. Intentional torts are those wrongs which the defendant knew or should have known would occur through their actions or inactions. Negligent torts occur when the defendant's actions were unreasonably unsafe. Strict liability wrongs do not depend on the degree of carefulness by the dependent, but are established when a particular action causes damage. Tort law is state law created through judges (common law) and by legislatures (statutory law).

(a) actions or inactions
(b) particular actions causing damage
(c) Liability wrongs
(d) negligent torts

2. In August of 1971, social psychologist Philip Zimbardo performed an infamous experiment at Stanford University, one whose results still send a shudder down the spine because of what they reveal about the dark side of human nature. In _____: *Understanding How Good People Turn Evil*, Zimbardo recalls the Stanford Prison Experiment in cinematic detail. We watch as nice, middle-class young men turn sadistic; the experiment is terminated prematurely due to its character-imploding power. These events shaped the rest of Zimbardo's career, focusing him on the psychology of evil, including violence, torture, and terrorism.

(a) Brainstorming the Public
(b) Psycho Behavior
(c) The Lucifer Effect
(d) Propaganda

3. You're on the *Titanic II*. It has just hit an iceberg and is sinking. And, as last time, there are not enough lifeboats. The captain shouts, "Women and children first!" But this time, another voice is heard: "Why women?" Why, indeed? The evolutionary psychologists might say that ladies-to-the-lifeboats is an instinct that developed to perpetuate the species: women are indispensable child bearers. You can repopulate a village if the women survive and only a few of the men, but you cannot repopulate a village if the men survive and only a few of the women. The problem with this kind of logic, _____, is its widespread prejudice.

(a) by the way
(b) however
(c) for example
(d) all the more

4. The publication of *Very Thai*, a unique guide to Thai pop and folk culture, coincides with the country's biggest debate about national identity in more than half a century. In the World War II era, the military Phibunsongkhram regime rallied under the slogan "Thailand for the Thais." Today, the country seems mesmerized again by _____. Schools and colleges have been ordered by the Ministry of Education to display the flag more prominently and play the national anthem at a higher volume. "Thai-ness" is once again a useful political concept.

(a) euphemism
(b) liberalism
(c) nationalism
(d) republicanism

5. Molecular biologists in Japan have backed their argument by inserting Einstein's equation, $E=mc^2$, into the DNA of the bacterium Bacillus subtilis. Yoshiaki Ohashi, a molecular biologist at the Institute for Advanced Biosciences at Keio University, chose to work with hardy Bacillus subtilis, a harmless soil bacterium that forms spores resistant to ultraviolet light, dehydration, oxygen and nutrient starvation, and organic solvents. He selected the relativity equation because it is "one of the most important legacies" of the 20th century, although, he adds, "we are not fanatic admirers of _____."

(a) Dr. Einstein
(b) Bacillus subtilis
(c) data-storage
(d) genome

6. People are very paranoid these days about identity theft, and they have good reason. Tactics including computer hacking, paying off dishonest salesclerks, dumpster diving, and mail theft have turned up a gold mine for thieves of social security numbers and credit card applications. So there is a good reason to buy a paper shredder or obtain a post office box! You have to be very careful to guard your privacy because identity theft can take months or even years to _____!

(a) figure out
(b) straighten out
(c) phase out
(d) sweep out

7. Geologists plan to install seismometers, thermal sensors, chemical detectors, video cameras, and other equipment to monitor the volcano's activities. _____ they will hook up an electric cable between the observatory and the mainland so they can receive information electronically from these instruments. Geologists are pretty excited about this project, and I hope you're, too. It ties in very nicely with the work we've been doing in class on volcanoes. Watch the program about it tonight, and be prepared to discuss it tomorrow.

    (a) As far as
    (b) However
    (c) Even though
    (d) Then

8. Business travel comes in a wide range of styles—from road trips in one's own car, with sleepovers at the roadside budget motel, to first-class airline and hotel accommodations with a service staff that pampers the traveler and goodies that flow freely. _____ even the beneficiaries of the most luxurious business travel can grow weary of the grind. On the other hand, veterans who have seen and done it all usually grow jaded in regard to the fast lane of life on the road, and long to get back home to their families.

    (a) And
    (b) So far as to
    (c) Because
    (d) But

9. _____ the sun emits visible light of every color, oxygen and ozone in our atmosphere absorb some of the blue and green light, leaving more red shining through to the surface. With so much red light bouncing around, plants evolve chlorophyll to efficiently absorb red and also blue light. "Photosynthesis is constrained by the number of photons, and there are more photons of red light reaching Earth than any other color," says astrobiologist Nancy Kiang of NASA's Goddard Institute for Space Studies. Chlorophyll can't absorb every color, and it reflects most of the green photons, or packets of light, and those reflected photons give leaves their hue.

(a) As far as
(b) As
(c) Although
(d) Like

10. The creation of the Nobel Foundation, set up at the beginning of the 20th century to _____ to the wishes expressed by Alfred Nobel in his will, had considerable legal difficulties. Once these were resolved, however, the complex arrangements made for choosing the prize winners worked well, and over the years the award of Nobel prizes has been accepted as the highest form of international recognition in the several fields in which they are given.

(a) give effect
(b) have result
(c) take part in
(d) take reaction

11. A tremendous force in raising standards for human life and conduct is religion. Is religion different from morality and ethics? In some respects no, in others yes. Religion, like morality and ethics, has something to do with choices and judgements of the ways in which we act. But religion is basically the way or ways by which men try to come into good relations with _____ being.

    (a) manmade or artificial
    (b) divine or natural
    (c) manmade or supernatural
    (d) divine or supernatural

12. Still, more important to man's advancement was the discovery of how to make fire and how to keep it burning. We know that man eventually learned to make fire artificially, perhaps by striking a piece of iron ore against a flint and allowing the sparks to fall into a bed of dry leaves or moss. _____, the discovery of the use of fire made it possible for men to protect themselves at night against wild beasts, and to cook food instead of eating it raw.

    (a) In contrast
    (b) Nonetheless
    (c) At any rate
    (d) Surprisingly

13. This is sound morality but a bad state of mind for a novelist. The moral question seemed to preoccupy Hawthorne all the way through the book. And although we too are interested, we cannot help thinking that he would have written a better novel if only he could have allowed his observer to see what he could see instead of what would test the moral significance of observing. _____, in *The Blithedale Romance*, Hawthorne confronts the dilemma his moral views have brought him to.

(a) However
(b) Thus
(c) In conclusion
(d) In the same way

14. Americans sometimes think that it is enough to express disapproval of a regime and to withdraw economic support. Both gestures make us feel better, but they do not necessarily work. What Americans are much less inclined to do is provide the _____ positive actions needed to promote democracy: careful involvement with local opposition groups, behind-the-scenes diplomatic maneuvers and, occasionally, military pressures.

(a) easy and costly
(b) difficult and costly
(c) hard and one-sided
(d) useful and beneficial

15-37. Read the passage and the question. Then choose the option that best answers the question.

15. An effective way of reviving a person is mouth-to-mouth breathing. First, lay the victim on his back. Check inside the mouth for any foreign objects. Second, by putting one hand on the forehead and one hand under the neck, push the head back so that the chin sticks up. Third, press up on the angle of the jaw just below the ears. This will move the tongue out of the back of the throat. Fourth, pinch the nostrils closed and then place your mouth over the victim's mouth. Fifth, blow your air into his mouth. His chest should rise. Sixth, remove your mouth to let the victim exhale. Repeat this process twelve to fourteen times per minute.

Q. **What is the main idea of the passage?**
(a) Who can perform the mouth-to-mouth resuscitation?
(b) Of the six steps in mouth-to-mouth breathing, the first three are the most important.
(c) There are six steps in doing mouth-to-mouth resuscitation.
(d) How to perform mouth-to-mouth resuscitation

16. There is a very small island called Liberty Island in New York City. Liberty, of course, means freedom, and the Statue of Liberty was given to the United States to celebrate the one-hundredth anniversary of U.S. independence from England. The statue was built in France, taken apart piece by piece, and then rebuilt in the United States. It was opened for the public on October 28, 1886. As you might expect, the statue is very big. Visitors can ride an elevator from the ground to the bottom of the statue. If they want to, they can then walk up the 168 steps to reach the head of the statue where they can look out and enjoy the beautiful sight of the city of New York.

Q. **What is the main idea of the passage?**
(a) The story of the Statue of Liberty
(b) Freedom and liberty mean almost the same thing.
(c) The statue was built in France, and it was later taken to the United States.
(d) The Statue of Liberty was given to the United States to celebrate the one-hundredth anniversary of U.S. independence from England.

17. Criminal law involves prosecution by the government of a person for an act that has been classified as a crime. Civil cases, on the other hand, involve individuals and organizations seeking to resolve legal disputes. In a criminal case, the state, through a prosecutor, initiates the suit, while in a civil case the victim brings the suit. Persons convicted of a crime may be incarcerated, fined, or both. However, persons found liable in a civil case may only have to give up property or pay money, but are not incarcerated.

Q. **What is most likely NOT to happen in a civil case?**
(a) A person gets sentenced to a fine of $500.00.
(b) A person gets sentenced to sell his house.
(c) A person gets sentenced to six months in prison.
(d) A person gets sentenced to remove some stones from his own land.

18. The little girl's mother, Maria, in keeping with her boxing-mad family's bizarre tradition, decided to give her 25 middle names. Her full name, which left register office staff in Wolverhampton, reeling is: Autumn Sullivan Corbett Fitzsimmons Jeffries Hart Burns Johnson Willard Dempsey Tunney Schmeling Sharkey Carnera Baer Braddock Louis Charles Walcott Marciano Patterson Johansson Liston Clay Frazier Foreman Brown. Maria said "The whole thing came about because both my mum and dad are obsessed with boxing and have a bit of a daft sense of humor. When I was young I couldn't ever remember my name. It took me to the age of 10 to memorize it all."

Q. **Which of the following is incorrect according to the passage?**
(a) Autumn has a long name.
(b) Maria has a long name.
(c) Maria's parents have long names.
(d) Autumn is not Maria's daughter's middle name.

19. No data-storage method is foolproof. Bacteria, however, have been passing genetic information from one generation to the next for at least 3 billion years, and they will most likely still be reproducing when humans are long gone. If we could encode information in their genomes, it would be preserved and replicated in perpetuity. That's what molecular biologists in Japan propose, at least.

Q. **What is the main idea of the passage?**
(a) No data-storage is safe for good.
(b) We must develop generic technologies for the human race.
(c) Bacteria can be a way to hand down information for generations.
(d) Molecular biology suggests a new idea for longevity.

20. It surprised me that a woman would actually be driving in races. It isn't usual, but Aunt Connie seemed more like a man. All winter, the more I read the letter, the more I got fired up about harness racing. I kept on asking Mom if I could go to Olden. Finally in the spring, when she found out she'd be away on some buying trips this summer, she said OK. Since the divorce, Mom has worked for a big furniture store in Denver, and at last she's working as an interior decorating consultant and buyer.

Q. **What is the motivation of Mom's permission for him to travel to Olden this summer?**
(a) The letter
(b) Harness racing
(c) Her buying trip
(d) Granddad

21. The kingdom is in crisis. After pledging to treat its citizens equally, the government stands accused of unfairly favoring one powerful, well-connected political faction. Many citizens have taken to open dissent, even revolt, and some are threatening to emigrate permanently. This specter of corruption has emerged most recently not in some post-colonial trouble spot but in the virtual nation of an Internet game called Eve Online (population 200,000) where aspiring star pilots fight over thousands of solar systems in a vast science-fiction universe every day.

Q. **When you describe "population 200,000" in the virtual place, what does it imply?**
(a) Computer programmers have created 200,000 virtual characters.
(b) The game has 200,000 virtual nations.
(c) Two hundred thousand people registered for the game site to play.
(d) Two hundred thousand people are entitled to vote.

22. The most dangerous spider known is the black widow. Its venom is 15 times more poisonous than that of the prairie rattlesnake. The black widow's venom is a nerve poison that can cause muscle pain, tightness in the chest, abdominal pain, convulsions, paralysis, and shock. Because the black widow has very little venom, however, only 1 in 100 untreated black widow bites is fatal, as against a 15 to 21 percent fatality rate for the rattler. Insects are less venomous than spiders but cause more deaths because many people are sensitive to the stings of bees, wasps, and ants.

Q. **What can be inferred from the passage?**
(a) The black widow is smaller than most spiders.
(b) The victim of the black widow could be in danger of heart attack.
(c) The venom of the black widow cannot penetrate deep into the skin.
(d) Insects are far more venomous than spiders.

23. It recapitulates in all seriousness the geneticist's old witticism that a chicken is just an egg's way of making another egg. But humans are more than just egg layers. And chivalrous traditions are more than just disguised survival strategies. So why do we say "women and children"? Perhaps it's really "women for children." The most basic parental bond is maternal. Equal parenting is great—it has forced men to get off their duffs—but women, from breast to cradle to cuddle, can nurture in ways that men cannot. And thus, because we value children—who would deny them first crack at the lifeboats?—women should go second. The children need them.

Q. **What can be inferred from the passage?**
(a) The *Titanic II* sank due to crew error.
(b) Women are indispensable for children.
(c) Humans are of great value compared with any other creature.
(d) Women are needed to perpetuate the species.

24. Scientists blamed global warming for the disappearance of a glacial lake in remote southern Chile that faded away in two months, leaving just a crater behind. The scientists suggested the melting of nearby glaciers raised the lake's level to the point where the increased water pressure caused part of a glacier acting as a dam to give way. Water in the lake flowed out of the breach, into a nearby fiord and then to the sea, said Andres Rivera, a glaciologist with Chile's Center of Scientific Studies.

Q. **What can be inferred from the passage?**
(a) Global warming has nothing to do with the glacial lake.
(b) Consumption of fossil fuel can be one of the reasons for the disappearance of a glacial lake in Chile.
(c) If the water melts, the water pressure can be decreased.
(d) We have experienced many glacial lakes disappearing.

25. I am writing to dispute a billing error in the amount of $596.49 on my account. The amount is inaccurate because I have neither shopped in your store in my life, nor have I applied for your credit card. I believe I have been a victim of identity theft, where someone got ahold of a credit card offer in my name and got approved for it without my knowledge. I am requesting that the error be corrected, that any finance and other charges related to the disputed amount be credited as well, and that I receive an accurate statement.

Q. What is the purpose of this letter?
(a) To complain about the bill
(b) To inquire the amount of the bill
(c) To confirm his name and get approval for it
(d) To investigate a billing error

26. I'd like to talk about a television program that's going to be shown tonight, and that I want you all to watch. It will present work that's currently being done by geologists off the coast of Hawaii. The only active underwater volcano in the U.S. is located there. It's growing and may reach the surface of the ocean in about 50,000 years—not very long from now in geological time. Geologists are setting up an unmanned observatory at the top of this volcano, which is located about 70 miles southeast of Hawaii and about 3,000 feet below the surface of the ocean.

Q. What is the main purpose of the television program?
(a) To present information about several Hawaiian volcanoes
(b) To explain a research project about an underwater volcano
(c) To demonstrate the latest use of underwater cables
(d) To discuss a study of ocean life near underwater volcanoes

27. Slavery in the United States ended in the mid-1860s. Abraham Lincoln's Emancipation Proclamation of January 1863 was a masterful propaganda tactic, but in truth, it proclaimed free only those slaves outside the control of the Federal government—that is, only those in areas still controlled by the Confederacy. The legal end to slavery in the nation came in December 1865 when the Thirteenth Amendment was ratified, it declared: "Neither slavery nor involuntary servitude, except as a punishment for crime whereof the party shall have been duly convicted, shall exist within the United States, or any place subject to their jurisdiction."

Q. **What is the attitude of the author toward Lincoln?**
(a) Critical
(b) Respectful
(c) Sarcastic
(d) Confused

28. IST is a medication taken to treat severe nodular acne that has not been helped by other treatments, including antibiotics. However, IST can cause serious side effects. Before starting treatment with IST, discuss with your doctor how bad the acne is, the possible benefits of IST and the possible side effects. Your doctor will ask you to read and sign a form indicating that you understand the serious risks associated with IST therapy. Some patients have experienced depression and suicidal thoughts and/or behavior during, and soon after stopping, treatment with IST.

Q. **Which can IST cure?**
(a) Pimples
(b) Depression
(c) Fatigue
(d) The cold

29. For the last hundred years, explorers in Peru have puzzled over Chankillo, an ancient monument built on a remote desert hilltop 250 miles north of Lima. Dating from about 300 B.C., the ruins most likely were built by the Chavin, a pre-Incan civilization of llama tamers and farmers. By noting the alignment of the towers and their orientation to the sun's location at sunrise and sunset, Catholic University of Peru archaeologist Ivan Ghezzi has finally solved the mystery. From a temple passageway, pre-Peruvians could watch the sun rise beyond the stone towers, which ranged from 6 to 20 feet in height and were spaced precisely to calibrate seasons, weeks, and days according to the changing position of the sun throughout the year.

Q. **How was Ivan able to uncover the mystery?**
(a) He measured the temple passageway.
(b) He noticed that pre-Peruvians worshipped the sun.
(c) He had his eyes on the alignment of the towers.
(d) The ruins form the oldest solar observatory in the Americas.

30. Pretend that heat is visible, that our naked eyes can see the infrared rays shedding from objects all around. At the closest range, we observe the incessant buzzing of molecules—vibrating at 1,100 miles per hour in the air of a room at a pleasant 72 degrees Fahrenheit. Pull back, and whole masses of molecules are churning and drifting, always in flux. The temperature scale measures how much motion, or kinetic energy, lives inside an object, and "heat" refers to the way this energy passes from one place to another in streams and swirls and currents.

Q. **How "heat" was defined in the above article?**
(a) Molecules
(b) Kinetic energy
(c) Energy paths
(d) Substances

31. Though often called the "koala bear," this cuddly animal is not a bear at all; it is a marsupial, or pouched mammal. After birth, a female carries a single baby in its pouch for about six months. When the infant emerges, it rides on its mother's back or clings to her belly, accompanying her everywhere until it is about a year old. Koalas live in eastern Australia, where the eucalyptus trees they love are most plentiful. In fact, they rarely leave these trees, and their sharp claws and opposable digits easily keep them aloft.

Q. **What sort of animal is similar to the koala?**
(a) Bears
(b) Lions
(c) Gorillas
(d) Kangaroos

32. People in a village in northern Malaysia were alarmed by rumors that space aliens had been laid to rest in their neighborhood cemetery. Residents feared a local witch doctor had instructed grave diggers to bury extraterrestrials in the rural district of Pasir Mas on Sunday, causing police to detain the man for investigation, said district police chief Haliludin Rahim. The man was freed after he explained that banana tree trunks, not aliens, had been buried in a ceremony for "medicinal purposes."

Q. **What did the "aliens" turn out to be in the end?**
(a) Dead human bodies
(b) Medical purposes
(c) Witch doctors
(d) Banana tree trunks

33. A baby monitor has a nursery unit and parent unit. The nursery unit has a controller for generating a privacy code, a microphone for detecting baby sounds and a transmitter for transmitting a signal made up of the privacy code and the baby sounds. The parent unit has a receiver for receiving the signal, a controller for comparing the privacy code to a reference code, and an amplifier and speaker for outputting the baby sounds. The baby sounds are outputed by the parent unit if the privacy code matches the reference code.

Q. **With the parent unit, when can you hear the baby's voice?**
(a) When the baby scrambles his or her voice
(b) When the controller is generating a privacy code
(c) When the privacy code is transmitting a signal
(d) When the reference code is identical with the privacy code

34. If technique is the ability to perform steps, style refers to the way steps are organized and shaped, both by the choreographer who has invented them and by the dancers who perform them. Many things can affect the style of a work: for instance, the historical period and geographical locale in which it is set and the social status of its characters. The style of an abstract dance may also be determined by a choreographer's predilections: Some choreographers are fond of lyrical movements, whereas others prefer sharp, glittering steps. Individual performing styles may be influenced by such considerations as a dancer's temperament and the way that the dancer habitually accents or times certain movements on stage.

Q. **Which of the following was NOT mentioned as something that might affect style in dance?**
(a) The amount of practice time
(b) Temperament
(c) Preference for certain movements
(d) The historical setting of the work

35. To be successful, not only must you become brilliant scholars, in the face of insurmountable competition, you must also become fearless employees. But it does not stop there. Upon graduation you are no longer awarded, instead you must become aggressive and creative job seekers; more often than not creating your own jobs. The life of the student is no longer a safe stepping stone to be envied. Rather, it has become an occupation to be revered, and sometimes pitied. For all you superhero graduates today, your diligence and strength is to be nothing less than applauded. Take a bow, you deserve it.

Q. **Why does the speaker think that the audience should applaud students?**
(a) Because they made safe stepping stones
(b) Because they drink a lot of beer
(c) Because they finished school with diligence and strength
(d) Because they are very intelligent

36. The fifty-mile stretch of land in California known as Silicon Valley is presently undergoing rapid changes in the nature of the industry concentrated there. It originally took its name from the semiconductor, silicon, which is a vital component of electronic circuits. This was due to the fact that the area was the electronics capital of the United States. To many people, this unique region is now known as "Internet Valley" or simply "The Valley." This is a testament to the area's evolution in terms of its main industry. Precision electronics companies have been replaced or surrounded by those specializing in e-commerce, Web design, and the on-line digital revolution.

Q. **According to the passage, what is Silicon Valley's main industry at present?**
(a) Electronics
(b) Semiconductors
(c) Automobiles
(d) The Internet

37. A lake may be a passing water hole to the human eye, but there is literally an entire world within a lake. All lakes are microcosms, each a unique coming together of the lives that have converged on it over time. This effect can be seen in miniature in the ponds called *tinajas* (a Spanish word for a large water jar) in the arid Southwest of North America and in the Chichuahan Desert of northern Mexico. Isolated among the rocks of remote canyons, they provide vital water holes for mule deer and pronghorns—and also contain their own worlds of competing and interacting life, including frogs, snakes and aquatic insects.

Q. **How does the writer define *tinajas*?**
(a) Vital water holes in miniature
(b) Mighty lakes in Russia
(c) Natural aquariums
(d) Four marshes located in gypsum dunes

Part III

38-40. Read the passage. Then identify the option that does NOT belong.

38. 68 percent of the electricity used in the United States comes from burning polluting fossil fuels. (a) The rest is created by nuclear power plants and hydropower, with only a tiny fraction coming from clean, renewable resources such as wind, solar energy, biomass and underground steam. (b) But currently, 15 states require power companies to produce a percentage of electricity from renewable sources, and other states are considering such requirements. (c) Renewable energy can cost consumers more money. (d) If you have a fireplace, the wood you burned in it can be replaced by biomass fuel.

39. Forgetfulness is a common enough thing in schools, as elsewhere. (a) We are apt to attribute it to weakness of memory, to the faintness of an initial impression, and so on. (b) But teachers have noticed before now that there is a certain method in pupils' forgetting. (c) Cricket matches, school parties and prize-givings are seldom forgotten; homework frequently is. (d) People fall back upon the explanation that memories differ in character.

40. When buying a house, you must be sure to have it checked for termites. (a) A termite is much like an ant in its communal habits, although physically the two insects are distinct. (b) In Africa some people eat termites, in Asia some people eat dog meat, and in Europe some people eat blood sausages. (c) Like those of ants, termite colonies consist of different classes, each with its own particular job. (d) The most perfectly formed termites, both male and female, make up the reproductive class.

정답 및 해설

Chapter 1

Type A _ 유형별 Approach
Part I 빈칸 넣기: 지문의 앞부분에 밑줄이 있는 형태

STEP 1 Pattern Study

Sample

해석_ 로봇은 인간들 위해 위험한 일을 하도록 프로그램된 기계류이다. 그것들은 이미 우주 공간에도 보내져 우리들에게 그들이 그곳에서 발견한 것을 알려준다. 그것들은 심해에도 가서 인간을 위해 유용한 정보를 수집한다. 그것들은 또한 전쟁과 평화에도 이용된다. 그것들의 일부는 광산을 폭파해서 전쟁터를 경작지로 바꾸는 데 이용되기도 한다.

해설_ 빈칸 뒤에서 르봇은 우주 공간이나 심해에서 인간을 위해 인간이 하기에 위험한 일을 한다는 내용을 언급하고 있다.

어휘_ explode 폭발시키다
     battlefield 전쟁터, 전장

정답_ (a)

STEP 2 Clinic

1.

해석_ 지능 검사는 세 가지 방법으로 구성되어 있다. 문제가 그림과 도형으로 제시되는 구두 검사와 필기 검사, 그리고 물체를 조작하게 하는 작업 검사이다. 키네식 검사 또는 작업 검사와 같은 몇몇 지능 검사는 피검자에게 개별적으로 실시될 수 있다. 그러나 대부분의 구두 검사나 필기 검사는 피검 집단이 동시에 치르도록 할 수 있다.

해설_ 빈칸 뒤에 나오는 paper-and-pencil tests 등의 예는 결국 세 가지 유형의 테스트에 대하여 소개하고 있는 것이기에 정답은 (b)가 된다.

어휘_ paper-and-pencil test 지필 시험
     performance test 작업 검사
     manipulation 조작, 처리

정답_ (b)

2.

해석_ 《중국 데일리》는 연구자들이 소아 비만을 집중적으로 5년 동안 연구했다고 발표했다. "그들은 차, 특히 우롱차에 있는 폴리페놀이 뚱뚱한 사람들의 살과의 전쟁을 도와준다는 것을 밝혀냈다"고 신문은 말했다. "과학자들은 차를 마시는 것이 사람들의 다이어트에 효과가 있음을 증명했다" 궈 자이, 난징 연구소 소아과 연구 팀장은 특히 우롱차를 마실 것을 권했다고 신문은 전했다.

해설_ 우롱차를 연구하다 비만에 대해 안 것이 아니라 비만에 대해 연구하다 우롱차의 효과를 알게 된 것이다.

어휘_ bulge (몸의) 지방, 살
     compound 화합물
     paediatrics 소아과

정답_ (c)

STEP 3 Actual Test

1.

해석_ 의약품 분배기는 해당 제품에만 맞게 조합된 무선 주파수 인식(RFID) 태그가 있는 의약품을 추적할 수 있는 기능을 제공한다. 그 기구는 의약품을 넣어두는 보관함들이 있고, 그 보관함의 의약품에 해당하는 RFID 태그를 읽는 리더가 있다. 프로세서가 리더들과 연결되어 보관함에 있는 RFID 태그 기록을 받아 처리하면 각 보관함에 있는 의약품을 구별해낸다.

해설_ 윗글의 하단에 RFID를 통하여 보관함에 있는 의약품을 구별한다는 내용이 힌트가 된다.

어휘_ frequency 주파수
     compartment 칸막이, 구획

정답_ (a)

2.

해석_ 1880년대 죠지 이스트만이 사진 필름을 유연하게 만든다는 독창적인 아이디어를 생각해내서 무겁고 깨지기 쉬운 유리판 대신에 작은 통에 저장할 수 있게 되었다. 이스트만은 이 새 기술에 맞춰 새로운 카메라를 만들어냈고 코닥이 탄생했다. 이스트만의 이야기는 비용 절감이 사람들이 기술을 이용하는 방법에 근본적인 영향을 줄 수 있는 방법의 한 고전적 예이다. 코닥 카메라로 일반 미국인들은 저렴한 가격으로 스냅 사진을 찍을 수 있게 되었다.

해설_ 작은 통에 저장하려면 필름을 유연하게 만들어야 할 것이다.

어휘_ hit upon 문득 생각나다
     ingenious 독창적인
     canister 양철통, (차·담배·커피의) 통
     radical 혁신적인, 급진적인

정답_ (c)

3.

해석_ 직원들은 근무 일정이 좀 더 유동적이라는 이유로 재택근무를 선호한다. 자신이 원할 때 일을 시작할 수 있는 것이다. 저녁에 일하고 오전이나 오후에는 밖에 나갈 수도 있다. 고속도로에서 차에 앉아 많은 시간을 허비할 필요가 없다. 신선한 공기를 만끽할 수 있다. 게

다가 재택근무를 통해 직장 여성과 남성은 가족들과 더 많은 시간을 보낼 수 있다.

해설_ 빈칸을 포함한 첫 문장이 전체의 주제문이고 나머지는 그 주제문을 뒷받침하는 기능을 한다. 따라서 빈칸에는 나머지 문장에서 말하는 재택근무의 장점을 모두 포괄하는 내용이 들어가야 한다. 즉 대체로 근무 시간이 자유롭다는 것으로 집약될 수 있고 따라서 정답은 (c)이다. 집에서 일하는 것이 더 효율적이라는 말은 없으므로 (b)는 답이 아니며, 자유롭게 시간을 쓸 수 있다는 말이 자신이 원하는 만큼 시간을 쓸 수 있다는 뜻은 아니므로 (d)도 적당하지 않다.

어휘_ telecommuting 재택근무

정답_ (c)

4.

해석_ 먼지 덮인 화성과 초록의 활기 넘치는 지구의 다른 점은 단지 표면상의 차이만은 아니다. 이 두 행성의 다른 점은 그 중심부까지 내려간다. 지구는 화성에는 없는 무거운 실리콘을 포함하고 있다. 오늘자 《네이쳐》지에 상세히 설명된 이 발견은 지구의 핵이 화성과 매우 다른 환경 아래서 형성되었다고 한다. 이것은 또한 초기 지구가 행성 크기의 바위와 충돌하면서 떨어져 나온 물질로 달이 형성되었다는 이론을 지지하고 있다.

해설_ 빈칸 앞에서 화성과 지구의 차이점이 단지 표면상의 차이만은 아니라고 하였기에 보다 깊거나 근본적인 차이가 있다고 할 수 있다.

어휘_ Mars 화성

lush 싱싱한, 푸른 풀이 많은

vibrant 활기에 넘치는

finding 발견, 조사[연구] 결과

정답_ (a)

Type B _ 테마별 Approach
Fluctuation in Economy 경기

STEP 3 Clinic

1.

해석_ 나는 인플레이션은 임금이 올라서 그 결과 강한 노조 때문에 생기는 것이라고 생각하지 않는 사업가를 거의 본 적이 없다. 그리고 사업가가 아닌 많은 사람들도 마찬가지이다. 이러한 믿음은 틀린 것이다. 그러나 전적으로 이해는 간다. 각각의 사업가들에게 인플레이션은 비용 상승만으로 다가온다. 그 비용은 대부분 임금이다. 하지만 전체 사업가 모두에게는 물가가 올라서 비용이 상승한 것이다. 구성의 오류에 빠지게 되는 것이다. 누구든 어려움 없이 2분 안에 복잡한

극장을 빠져나갈 수 있다. 사람들 전부가 2분 안에 극장을 나간다고 해보자. 그러면 거의 생지옥이 될 것이다. 각각에게 진실인 것이 모두에게 진실일 필요는 없다.

해설_ by rising wages, by strong labor unisons의 병치 구조로 시간적 순서성을 이루고 있기에 '다음으르는' 의 의미를 갖는 연결사가 와야 한다.

어휘_ be persuaded that ~을 확신하고 있다

in turn 차례로, 이번에는

understandable 이해할 수 있는

separately 따로따로, 개별적으로

fallacy 오류

composition 구성, 합성

utter 전적인, 완전한

정답_ (a)

2.

해석_ 실제 세계에서 우리의 금전 소득이 물가와 동일한 속도로 올라가면 인플레이션은 문제가 되지 않는다고 생각할 수 있다. 그러나 그것은 문제가 된다. 돈이 가치를 상실하게 되면 화폐의 안정성이라고 하는 양화의 자질들 중 하나가 사라지 게 된다. 돈은 더 이상 가치의 보유 수단으로 받아들여질 수 없다. 그리고 그것은 후지급 방식의 부적절한 기준이 되고 만다. 누구도 소모 자산을 보유하고 싶어 하지 않는다. 그래서 사람들은 가능한 한 빨리 돈을 없애려고 노력하게 된다. 그래서 인플레이션은 소비 지출을 자극해서 저축을 방해한다.

해설_ good money가 일반적인 '돈' 의 의미가 아니라 '양화(良貨)' 의 의미임에 유념한다면 가장 중요한 성질은 안정성이 될 것이다.

어휘_ store 비축, 축적

deferred 연기된, 미뤄진

wasting asset 소모(성) 자산

stimulate 자극하다

deter 그만두게 하다, 못하게 막다

정답_ (d)

STEP 4 Actual Test

1.

해석_ 인플레이션을 지켜보는 사람들은 다음 주에 발간될 지난 7년 만에 근로자의 생산성 분기별 최대 성장과 3개월만에 소비자 외상의 최소 증가를 보여주는 보고서에서 안도를 얻을 수 있을 것이다. 생산성은 4분기에 연간 6.2% 빨라졌는데 이 수치는 정부의 연초 추정

5%보다 높고 최대 성장률인 1992년 4분기의 7.4%에 근사치이다.

해설_ 1992년 4분기의 7.4% 성장이 최고였고 그 이후로는 그것보다 낮았기에 (d)의 내용과 일치한다.

어휘_ productivity 생산성

accelerate 속도가 늘다, 빨라지다

정답_ (d)

2.

해석_ 여러분은 분명히 50년대와 60년대에 살았고 그리고 호경기도 경험했습니다. 제가 예미하는 호경기란 국가의 인적 · 물적 자원을 매우 효율적으로 확대하고 이용하는 것입니다. 이런 견지에서 볼 때, 미국 경제는 60년대 후반 이래 하락하고 있으며, 지금은 예전에 도달했던 수준에 전혀 이르지 못하고 있습니다. 1950년과 1970년 사이의 기간에는 고등 교육을 받지 못한 평범한 가족도 한 사람의 벌이로도 남부럽지 않게 먹고살 수 있었습니다.

해설_ '미국 경제는 6년대 후반 이래 하락하고 있으며, 지금은 예전에 도달했던 수준에 전혀 이르지 못하고 있다' 는 내용으로 보아 (b)가 정답이다.

어휘_ efficiency 능률, 효율

nowhere near 도저히 미치지 못하는, 근처에도 못 가는

breadwinner 한 가정의 벌이하는 사람

sustain 부양하다

decently 남부럽지 않게

정답_ (b)

STEP 1 Pattern Study
Sample

해석_ 버락 오바마는 오늘 수행해야 할 중요 업무가 두어 가지 있다. 오전에 시카고에서 열리는 학부모와 교사 간 회의에 참석하고 그리고 나서는 그의 재무팀과 경제에 관해 논의할 예정이다. 대통령 당선자는 재무와 산업의 주요 인물들로부터 미국 기업이 처해 있는 곤경에 대해 지겹도록 이야기를 듣게 될 것이 틀림없다. 오바마는 또한 재무 장관직을 놓고 이들 중 몇 명을 평가하게 될 것이다. 오바마가 당선일 이래 처음으로 갖는 오늘 낮의 기자 회견과 내일 방송될 주간 민주당 라디오 방송에서도 경제에 관한 내용이 주를 이루게 될 것이다.

해설_ 윗글은 대부분 미국의 경제에 관해 오바마가 해야 할 일에 대한 이야기이다.

어휘_ no doubt 필시, 아마도

get an earful from ~로부터 잔소리를 듣다

dire straits 곤경

size up 평가하다, 판단하다

Treasury Secretary 재무 장관

dominate 지배하다

정답_ (c)

STEP 2 Clinic

1.

해석_ 미국 보험업계는 전복 방지 기술 덕택으로 새 자동차들이 충돌 테스트에서 점점 강해지고 있다고 전했습니다. 전복 방지 기술을 보유한 포드와 볼보는 최근 내충격성 자동차 목록에 각각 16대의 차종을 올렸습니다. 혼다가 13대로 그 다음입니다. 자동차 분석가 존 맥엘로이는 소비자에게 긍정적인 소식이라고 말했습니다. "지금까지 최상급으로 선발된 모델이 작년의 2배입니다. 2007년에 비해서는 3배고요."

해설_ 앞 문장에서 충돌 테스트를 언급하고 있기에 빈칸에는 (c) '내충격성 자동차' 가 적합하다.

어휘_ crash 충돌

anti-rollover 전복 방지

정답_ (c)

2.

해석_ 아마 당신은 국회 의사당에서 개최되는 오바마 대통령의 취임

식 오찬에 초대 받지 못했을 것이다. 하지만 걱정하지 마시라. 취임식 합동 의회 위원회의 웹 사이트에서 조리법을 다운로드 받을 수 있다. 아브라함 링컨은 버락 오바마의 영웅이다. 메뉴부터 요리에 이르기까지 그 오찬은 확실히 링컨식 1860년대의 백악관으로 거슬러 올라가 메리 토드 링컨이 구매한 것의 복사판이다. 버지니아 주 알링턴의 디자인 퀴진 연회업체는 "링컨 시대를 연상시키는" 식사를 만들어달라는 부탁을 받았다고 말했다.

해설_ 빈칸 앞에서 아브라함 링컨은 버락 오바마의 영웅이라거나 '링컨식' 이라는 내용이 언급되고 있으며 그것이 힌트가 된다.

어휘_ inaugural 취임(식)의
recipe (요리의) 조리법
feel 분위기
replica 모사, 복제
caterer 출장 연회업자

정답_ (c)

STEP 3 Actual Test

1.

해석_ 장난감 속의 자석은 아이들에게 치명적인 위험이 될 수 있는데 그 작고 강력한 물체는 삼켰을 때 내부에 심각한 부상을 초래할 수 있기 때문이다. 하지만 소비자 제품 안전 위원회는 그것이 아동용 귀걸이의 안감 재료의 형태로 팔렸을 때 더욱 강력한 자석을 규제할 조치를 취하지 않았다. 귀걸이는 자석이 내장된 작은 장식으로 이루어져 있다. 그러나 귀걸이는 장난감으로 간주되지 않기 때문에 자석에 관한 새로운 규정이 적용되지 않는다. 만약 규정이 적용된다면 그 귀걸이는 법적으로 팔지 못하게 할 수 있다.

해설_ 지금 현재는 규제하지 않지만 규제 규정이 생긴다면 그 귀걸이는 적법하게 팔리지 못할 것이다.

어휘_ deadly 치명적인
swallow 삼키다
backing 안감 (재료)

정답_ (a)

2.

해석_ 만약 얼룩이 니스와 보호 코팅을 뚫는다면 그 영향을 받은 영역을 원목이 보일 때까지 벗겨야 한다. 페인트 및 니스 제거제가 코팅을 제거하는 데 사용될 수 있다. 제품의 안내 사항을 따르라. 색상을 가장 잘 맞추려면 새 문과 벗겨진 문과 같은 자재의 샘플을 참고하라.

해설_ 원목이 보일 때까지 벗겨야 한다는 말 뒤에 나온 내용이기에 코팅을 제거하는 데 사용되는 것임을 알 수 있다.

어휘_ stain 얼룩
penetrate 스며들다, 침투하다
varnish 니스, 광택제
strip down 니스·페인트 등을 벗겨내다

정답_ (c)

3.

해석_ 이 답은 이 나라에서 유례없이 많은 수로 투표소였던 학교와 교회 주위에 줄 선 사람들, 이 시대는 변화가 필요하다고 믿기 때문에 3시간, 4시간 기다린 사람들이 대답한 것입니다. 젊은이, 늙은이, 빈자, 부자, 민주당, 공화당, 흑인, 백인, 라틴계 미국인, 동양인, 아메리카 인디언, 동성애자, 이성애자, 장애를 가진 사람들, 장애가 없는 사람들, 즉 우리는 민주당 지지 주와 공화당 지지 주의 집합체가 아니었다는 것을 전 세계에 알려준 미국 사람들이 답한 것입니다. 우리는 현재에도 그리고 미래에도 미합중국입니다.

해설_ 지문은 미국인들의 통합을 강조한· 오바마 대통령의 연설문이다.

어휘_ Red State 공화당 지지 주
Blue State 민주당 지지 주
straight 호모[동성애자]가 아닌

정답_ (a)

4.

해석_ 54세의 한 남자가 가필드 공원 부근 서쪽에서 심각한 자상을 맞았다. 그 희생자는 새벽 1시 10분경 렉싱턴 가 서쪽 3700구역에서 35세의 한 여자와 싸우고 있었는데 그녀가 그의 가슴과 복부를 찔렀다. 그 여자는 구속되어 살인 조사 중이며 혐의는 아직 미정이다. 쿡 카운티 검시관 사무소에 의해 루크 듈레이니로 신원이 확인된 그 남자는 새벽 2시 25분 마운트 시나이 병원에서 사망한 것으로 발표되었다.

해설_ 문맥상 남자를 죽인 여자는 '구속되어' 조사를 받는다는 내용이 적합하다.

어휘_ stab 찌르다, 찔러 죽이다
abdomen 배, 복부
take ~ into custody ~을 구속[체포]하다
charge 혐의
pending 미결정의, 현안의
homicide 살인
medical examiner 검시관
pronounce 공식으로 발표하다, 선고하다

정답_ (b)

Type B _ 테마별 Approach
Memory and the Brain 기억과 뇌

STEP 3 Clinic

1.
해석_ 오른쪽 뇌의 지식은 많은 육체적 활동에 유용한 한편, 다양한 온전히 정신적인 활동에도 중요하다. 직관은 우리가 말로는 설명할 수 없는 사고 과정을 일괄하는 말이다. 그렇지만 우리가 직관의 특성을 살펴본다면 오른쪽 뇌의 기능을 언급하고 있는 것이 분명하다. 즉 직관적 판단은 단계적으로 이루어지는 것이 아니라 한순간에 이루어진다. 직관적 판단은 방대한 양의 자료를 각 요소별로 따로따로 고려하지 않고 동시에 고려하는 것이 전형적이다. 결국 직관적 판단은 말로 설명될 수 없는 것이다.

해설_ 지문 중에 in an instant와 a large mass of data가 힌트가 되어 한꺼번에 많은 양의 자료를 처리한다는 (d)가 답이 된다.

어휘_ intuition 직관
　　　　catchall 일괄하는, 포괄적인
　　　　verbally 말로, 구두로
　　　　in an instant 눈 깜짝할 사이에, 즉시
　　　　in parallel 병행으로, 동시에

정답_ (d)

2.
해석_ 뇌의 갖가지 영역들은 각기 다른 기능이 있다. (1) 브로카 영역으로 알려진 뇌 부위에 손상이 생기면 단어를 발음하는 데 문제가 생길 것이다. (2) 마찬가지로 베르니케 영역이라 불리는 뇌 부위에 손상이 있으면 단어를 기억하는 데 문제가 생길 것이다. (3) 과학자들이 인간의 뇌에 대해 여전히 잘 모르고 있는 부분이 많다. (4) 소뇌라 불리는 뇌 부위는 신체의 자세와 동작을 조절하는 것과 관계가 있다.

해설_ 제일 앞 문장에서 제시된 주제 의식, 즉 Different regions of the brain have different jobs.에 합당한 내용을 담기에는 (c)는 방향성이 다르다.

어휘_ pronounce 발음하다
　　　　cerebellum 소뇌

정답_ (c)

STEP 4 Actual Test

1.
해석_ 당신이 그것에 대해 신경 쓰고 있지 않다면 당신이 그 무언가에 대해 기억하는 것은 불가능하다. 당신이 기억해내고자 하는 것에

대해 흥미를 가지기로 하고 그렇게 해보자. 당신은 그 주제에 대해 당신이 이미 알고 있는 것을 상기시킴으로써 흥미를 발전시키기 시작할 수 있다. 또한 조직화되고 구조화된 공부 체계는 흥미를 발전시키는 것을 돕고 배우고 있는 것에 열중할 수 있게 해주며 더 오랜 시간 동안 더 많이 기억하도록 흥미를 유지시켜줄 수 있다.

해설_ 윗글은 공부를 위해서는 어떤 것에 대한 주의가 필요하다는 글이다.

어휘_ recall 상기하다, 생각해내다
　　　　structured 구조화된

정답_ (d)

2
해석_ 최근 발표된 한 연구에 따르면 바나나, 토마토, 오렌지같이 칼륨이 풍부한 식품으로 채워진 식단을 가진 사람은 뇌졸중 위험을 1/3 정도 줄일 수 있다고 한다. 그렇더라도 칼륨 보조제 섭취의 유혹을 억제하라. 그것들은 해로운데 신장에 문제가 있다면 특히 더 그러하다.

해설_ 토마토가 뇌졸중 위험을 줄여준다고 했으므로 토마토를 좋아하는 사람들은 이 뉴스를 보고 좋아할 것이다.

어휘_ potassium 칼륨
　　　　kidney 신장

정답_ (a)

Chapter 3

Type A _ 유형별 Approach
Part I 빈칸 넣기: 연결사 찾기

STEP 1 Patten study

Sample

해석_ 미국은 미국 면화 재배자들에 대한 불법적인 보조금을 폐지하지 않은 것에 대해 수십억 달러의 교역 제재를 받을 수도 있다. 세계 무역 기구의 판결은 이런 보조금이 자국의 면화 생산자들에게 해를 끼쳤다고 하는 브라질의 목화 산업과 서부 아프리카 국가들의 승리이다. 브라질은 미국의 보조금이 세계 가격을 강타하여 브라질과 기타 지역의 농부들에게 손해를 입혔다고 말하면서 이 판결을 환영했다. 그러나 미국 관리들은 이 보조금이 국제 무역 규정에 부합하는 것으로 믿고 있다. 워싱턴은 이번 판결에 대해 항소할 것으로 예상된다.

해설_ 빈칸의 앞뒤 내용이 상반되기에 빈칸에는 역접의 접속사가 들어가야 한다.

어휘_ billion 10억

　　　　sanction 제재, 처벌

　　　　scrap 폐기하다

　　　　subsidy 보조금

　　　　ruling 판결, 결정

　　　　hail 환영하다

　　　　comply with ~에 따르다

　　　　make an appeal against ~에 대해 항소하다

정답_ (b)

STEP 2 Clinic

1.

해석_ 그 타격(결정적 한방)은 긴장된 1라운드의 후반부쯤에 나왔다. 1라운드 내내 두 남자는 서로를 가늠하고 로프에 기대어 맞잡고 싸웠다. 그런 다음 몇 분 동안 알로프스키가 동작을 가했다. 에밀리아넨코 표도르가 자신의 코너로 몰리자 알로프스키는 공중에 떠서 공중 발차기를 시도하였다. 빈틈이 생긴 것을 본 표도르는 오른 주먹을 휘둘러 알로프스키의 수염 난 턱을 붉게 물들였다. KO였다.

해설_ 경기장에서 두 선수가 서로를 measure하고 다음으로 경기의 내용으로 들어가서 한 선수가 상대에게 press한다는 힌트로 보아 시간순의 접속사 then을 써야 한다.

어휘_ grapple 맞붙어 싸우다

　　　　airborne 공중에 떠서

　　　　flush 붉게 물들이다

　　　　knockout KO

정답_ (c)

2.

해석_ 호주의 한 부부가 고양이에게서 코카인을 멀리 떨어뜨려 둬야 한다는 것을 배웠기를 바란다. 시드니에서 8개월 된 고양이가 우연히 밤새도록 찬장에 갇혀 있다가 동물 병원에 가게 되었다. 이 고양이는 신경과민으로 불안해하고 걷는 것에 문제가 있었다. 고양이 주인은 이 고양이가 어떠한 약물이나 독극물에도 노출되지 않았다고 주장했다. 하지만 수의사가 고양이 주인의 부인에게 전화를 걸어보니 그녀는 고양이가 이틀 전 디너 파티에서 제공되었던 코카인 접시를 핥았을지도 모른다고 말했다.

해설_ 빈칸 앞뒤의 내용이 상반된다.

어휘_ accidentally 우연히, 뜻밖에

　　　　jittery 신경과민의

　　　　feline 고양이

정답_ (b)

STEP 3 Actual Test

1.

해석_ 전통적으로 휴대용 플레이어라그 하면 워크맨(소니 사의 상표명)이 가장 대표적인데 이것은 헤드폰을 연결시켜 음악을 듣는 데 널리 사용되어 왔다. 최근에는 발전해서 음악적 정보가 적외선을 이용해 플레이어로부터 헤드폰으로 무선으로 보내진다. 그러나 적외선으로 신호를 주고받는 것은 자연광에서 제대로 작동하지 않기 때문에 실외에서는 제한적이다. 음악적 정보가 적외선이 아닌 무선으로 전송되는 것도 가능하다. 하지만 현재의 기술로는 높은 음질의 전송을 보장하기 어렵다. 그러므로 실외에서도 무선으로 높은 음질을 전송할 수 있는 기술이 요구되어 왔다.

해설_ 현재의 기술이 높은 음질을 전송하지 못한다고 했기에 필연적으로 바로 뒤의 당위적 내용과 어울리기 위해서는 therefore를 빈칸에 넣어야 한다.

어휘_ infrared 적외선(의)

　　　　assure 보증하다, 보장하다

　　　　distribute 살포하다, 배포하다

정답_ (b)

2.

해석_ 여름은 아이들이 하루가 꼬박 걸리는 일을 하고 난 후의 즐거움을 배우기에 완벽한 시간이다. 일은 또한 어린이가 돈을 어떻게 벌고 어떻게 쓰고 어떻게 투자해야 되는지 돈에 대해 알게 도와준다. 어떤 것을 배우든 가장 좋은 방법은 즐겁게 하는 것이다. 그래서 당신은 아이들과 그들이 하고 싶어 하는 일에 대해 이야기를 나눠봄으

로써 아이들이 자신에게 맞는 일을 찾도록 도움을 줄 수 있다. 할머니, 할아버지는 아이들기 도움을 주고 약간의 과외 수입을 올릴 수 있는 최고의 고객이 될 수 있음을 명심하라. 아이들이 할머니, 할아버지와 더 많은 시간을 함께 보낼 수도 있고 그 과정에서 서로 도와줄 수도 있다.

해설_ 바로 앞 문장에서 할머니, 할아버지가 아이들에게 도움이 되는 존재라고 설명하고 다음 문장에서 그것을 부연하고 있다. 특히 can they ~라는 도치 문장이 사용된 것이 더욱더 결정적 힌트가 될 수 있다.

어휘_ a good day's work 꼬박 하루가 걸리는 일

정답_ (d)

3.

해석_ 집이 팔리는 데 시간이 더 걸리게 되고 가격은 안정되거나 떨어지기 시작하면서 고기였던 주택 시장에서 많은 이점이 구매자 쪽으로 넘어가고 있다. 전국 부동산 협회에서 집계한 1/4분기 현 단독 주택 자료에 따르면 샌디에고, 보스턴, 라스베가스, 피닉스, 호놀룰루와 같은 도시에서 약간의 연간 하락이 있다. 한편, 뉴욕, 시카고, 워싱턴 D.C.의 집값은 1.4% 이하로 가격이 올랐다고 한다. 이 수치들은 시장에서 시간을 벌어 불황에서 이득을 취하려고 하는 많은 사람들을 만들었다. 하지만 전문가들은 얼마나 오래 이 침체가 지속될지 의견이 거의 일치하지 않기 때문에 (관망만 하는 것은) 위험할 수도 있다고 했다.

해설_ 빈칸을 기준으로 내용이 전환되기에 빈칸에는 '한편', '그런데'의 뜻을 가진 접속사가 들어가야 한다.

어휘_ high-flying 고가의
    level off 안정되다
    compile 집계하다
    doldrums 침체
    consensus 일치된 의견, 합의

정답_ (a)

4.

해석_ 바퀴가 18개 달린 트럭이나 큰 화물 운송용 차량 같은 상업용 트럭과 관련된 교통사고는 일반 자동차 사고보다 훨씬 더 파괴적일 수 있다. 일반적으로 짐을 가득 실은 큰 상업용 화물차는 무게가 8만 파운드 이상인 반면 일반 승용차는 대략 3천 파운드에 불과하다. 이런 크기의 상이함과 기본적인 물리 법칙 때문에 상업용 트럭과 다른 차량의 사고는 때론 치명적이기까지 한 심각한 상해를 불러일으키기 쉽다.

해설_ 빈칸의 앞뒤 문맥을 살펴보면 빈칸에는 '~라고는 하나', '~하

면서도', '~하지만', '~라고(는) 해도'의 내용이 적합하며 그것으로는 양보(讓步)의 종속절을 이끄는 while이 있다.

어휘_ catastrophic 파멸의, 비극적인
    disparity 상이, 격차
    collision 충돌

정답_ (a)

Type B _ 테마별 Approach
Characteristics of Animals 동물의 습성

STEP 3 Clinic

1.

해석_ 매는 일반적으로 농부의 무자비한 적으로 간주되어 보통은 눈에 보이자마자 총에 맞는 운명이다. 그러나 매는 원칙적으로 농부의 친구이다. 왜냐하면 쥐, 들쥐, 메뚜기, 다른 해충들을 먹고 살기 때문이다. 과학적인 근거도 없이 일반적으로 믿어지는, 자연에 관한 많은 터무니없는 이야기들이 있다. 새들이 봄이 되면 항상 같은 둥지로 돌아온다고 하는 믿음이 있다. 그러나 과학자들에 따르면 이것은 진실이 아니다. 또한 올빼미는 어쩌면 그 근엄한 표정으로 인해서 새들 중 가장 현명한 새라고 불리어왔다. 그러나 그 지혜로움을 입증할 만한 어떠한 과학적인 증거도 없다.

해설_ 앞에서 나온 매에 대한 내용에서도, 빈칸 뒤에 제시된 새들이나 부엉이에 대한 내용에서도 일반 사람들이 과학적 근거도 없이 널리 믿는 자연에 대한 이야기를 다루고 있기에 (b)가 정답이 된다.

어휘_ ruthless 무자비한
    be condemned to ~할 운명이다
    locust 메뚜기
    pest 해충
    tall tale 터무니없는 이야기, 믿기 어려운 사실
    solemn 엄숙한, 근엄한
    vouch 증명하다, 입증하다

정답_ (b)

2.

해석_ 고릴라에게 있다고 잘못 인식된 그 모든 흉포함에도 불구하고 고릴라는 본질적으로 평화를 사랑하는 동물로 생명이 위협 받거나 도망치는 것이 불가능할 때를 제외하고는 싸움보다 도망을 택할 것이다. 일부 고릴라는 사로잡힌 상태에서 고기 먹는 것을 배웠지만 야생 상태의 고릴라는 고기를 먹지 않는다. 고릴라는 야생에서 물도 마시지 않는 것 같다. 그들은 분명 녹색 식물과 열매를 먹음으로써 필

요한 수분을 **충분히** 얻고 있을 것이다.

해설_ 첫 번째 줄에서 고릴라는 흉포한 동물이라고 잘못 인식되어 왔다는 내용이 힌트가 된다.

어휘_ atrocity 흉악, 잔인

attribute A to B A라는 성질이 B에게 있다고 생각하다

retreat 퇴각, 도망(치다)

in captivity 사로잡혀, 감금되어

greenery 녹색 식물[잎]

정답_ (d)

STEP 4 Actual Test

1.

해석_ 박쥐는 몇몇 꽤 신비로운 신화와 미신의 주제지만 가장 풍부한 상상력을 보여주는 민간전승도 실제 사실과는 맞지 않는다. 우리가 이 야행성 식충 동물(食蟲動物)에 대해 많이 알면 알수록 그것들은 더더욱 놀라운 것으로 입증될 것이다. 박쥐의 가장 독특한 재능은 날 수 있는 능력이라고 할 수 있는데 왜냐하면 이런 재주를 갖고 있는 포유동물은 세상에 없기 때문이다. 물론, 날다람쥐는 활공(滑空)할 수 있긴 하지만 이들도 꾸준히 진짜로 날지는 못한다. 박쥐가 손을 펄럭거림으로써 날아간다고 말하는 것이 사실을 왜곡하는 것은 아니다. 박쥐의 날개를 면밀히 살펴보면 섬세한 뼈의 구조가, 비록 크기에 있어서는 아니라 할지라도 배열에 있어서 만큼은 거의 완벽하게 인간의 팔과 손의 구조와 일치한다는 것을 밝혀줄 것이다. 뒷발은 자그마해서 머리를 아래로 하여 횃대나 거친 표면으로부터 매달리기 위한 갈고리나 다름없다.

해설_ 지문은 박쥐에 대해 잘못 알려진 점, 신체적 특징 등을 다루고 있다. 따라서 지문의 제목으로 적당한 것은 (d)이다.

어휘_ nocturnal 야행성의

insectivore 식충 동물

folklore 민간전승(傳承)

accomplishment 성취, 재주

stretch the truth 진실을 왜곡하다

framework 틀, 구조

correspond to 일치하다, 부합하다, 상응하다

proportions 크기

정답_ (d)

2.

해석_ 몇몇 종은 가끔씩 낮에도 밖으로 나가는 모험을 감행하기도 하지만 박쥐는 어둑어둑한 저녁 무렵에 가장 활동적이다. 박쥐는 시

력이 나쁘기로 유명하지만 먹이가 되는 벌레의 위치를 알아내는 데 있어 수중 음파 탐지기와 같은 방식을 기용한다. 날고 있는 동안에 박쥐는 끊임없이 이어지는 고주파의 찍찍 소리를 내는데 이것은 인간의 귀에는 들리지 않는다. 근처의 물체에서 튕겨 나온 반사파는 순간적으로 (물체까지의) 거리와 물체의 크기, 특성을 완벽하게 드러내서 작은 벌레라도 조준할 수 있을 뿐 아니라 그러는 동안 나뭇가지나 전선줄 또는 나뭇잎과의 충돌을 피할 수 있게 해준다. 보통 사람들이 믿고 있는 바와 달리 박쥐는 거의 전혀 해롭지 않다. 박쥐는 빈대를 옮기지 않으며 여자의 머리카락에 엉겨 붙지도 않는다. 열대 지방의 박쥐, 특히 피를 빠는 흡혈 박쥐는 공수병을 옮기는 흔한 매개체지만 북반구에서는 이런 위험이 거의 존재하지 않는다. 방해하지 않고 그냥 내버려두면 박쥐는 저녁 하늘을 청소하여 벌레가 없도록 만드는 그들의 일을 부지런히 마냥 즐거워하며 한다.

해설_ 사람들은 박쥐가 해롭다고 생각하는 것이 일반적이다. 따라서 빈칸에는 역접의 접속사가 들어가야 한다.

어휘_ squeak 찍찍 우는 소리

zero in on ~에 목표를[초점을] 맞추다

twig 작은 가지

foliage 무성한 잎

bedbug 빈대

entangle oneself in ~에 빠지다, 말려들다

정답_ (a)

Chapter 4

Type A _ 유형별 Approach
Part II 제목이나 대의 찾기

STEP 1 Pattern Study
Sample

해석_ 암의 성장을 막음으로써 작용하는 한 물질이 쥐에 효과가 있으며 곧 인간에게도 실험될 것이라고 UC 샌프란시스코의 연구원들이 밝혔다. 그 연구는 그 합성물이 암 세포의 성장·분화 능력을 방해한다는 것을 보여준다. 그 발견은 키나아제(체내에서 단백질로 신호를 보내는 분자)가 세포의 성장 능력의 중심이 된다는 지식에 기반을 둔 것이다. 그러나 암은 그 자체의 성장을 촉진하기 위해 그 신호를 이용한다. 다른 약들이 부분적으로만 성장 신호 주기를 막는 반면에 TORKinib라고 이름이 붙은 이 약은 그 주기를 완전히 막는다.

해설_ 윗글은 암의 성장을 억제하는 물질에 관한 연구 결과와 관련 신약에 대한 소개 글이다.

어휘_ kinase 키나아제《효소의 일종》
dub 이름을 붙이다
molecule 분자

정답_ (b)

STEP 2 Clinic

1.

해석_ 작년 75만 명의 미 국인들이 지방 흡입 수술을 받았다. 수백만 파운드의 지방이 가볍게 제거된 것이다. 마이클 롱게이커에 의하면 지방은 더 좋은 곳에 쓰여질 수 있다고 한다. 이전 연구에 의하면 특정 지방 세포는 피부와 뼈를 포함한 다른 조직으로 잘 변형되게 할 수 있다. 스탠퍼드 대학 메디컬 센터의 소아과 수술 전문의이자 생물학자인 롱게이커는 줄기 세포의 일종인 이 다능성 세포가 뼈의 골절과 장애를 치료하는 데 유용할 수 있다고 밝혔다.

해설_ 윗글의 중간에 '지방 세포는 피부와 뼈를 포함한 다른 조직으로 잘 변형되게 할 수 있다'는 내용에서 주제를 추측할 수 있다.

어휘_ liposuction 지방 흡입(술)
pediatric 소아과의
toss out 제거하다, 버리다
coax (물건을) 잘 다루어 뜻대로 되게 하다
multi-potent 다양한 효능이 있는

정답_ (d)

2.

해석_ 모로코 동부의 석회암 동굴에서 발견된 구멍 뚫린 조개껍데기는 지금까지 발견된 가장 오래된 장식품으로 유럽보다 4만 년 전에 아프리카에서 인간이 상징물을 사용했음을 보여준다고 모로코 정부

는 말했다. 일부는 적갈색으로 염색된 이 작은 타원형의 나사리어스 연체동물 문에 속하는 조개들은 아마도 8만 2천 년 전 실에 끼워 구멍을 뚫어 팔찌나 목걸이로 사용된 것으로 여겨진다.

해설_ 윗글의 첫 번째 문장에서 '구멍 뚫린 조개껍데기는 지금까지 발견된 가장 오래된 장식품'이라는 내용이 힌트가 된다.

어휘_ perforated 구멍이 뚫린
limestone cave 석회동, 종유굴
adornment 장식품
mollusc 연체동물
ochre 황토색

정답_ (b)

STEP 3 Actual Test

1.

해석_ 스키밍은 중요한 정보나 요점을 빠르게 얻기 위해 사용됩니다. 중요 정보에 주의하면서 텍스트를 대강 훑어내세요. 현 비즈니스 상황에서 속도를 내려면 스키밍을 사용하세요. 스키밍을 할 때는 각 단어를 이해하는 것은 중요하지 않습니다. 스키밍의 예: 신문 (그날의 일반적인 뉴스를 빨리 얻기 위해), 사업과 여행 정보지 (정보를 빨리 얻기 위해)

해설_ 윗글의 첫 번째 줄에서 '스키밍은 중요한 정보나 요점을 빠르게 얻기 위해 사용됩니다'라는 내용이 힌트가 된다.

어휘_ gist 요점

정답_ (c)

2.

해석_ 컴퓨터 전문가들은 월요일에 로마의 최고 전성기였던 서기 320년의 고대 로마의 디지털 재현작을 발표했다. 이 가상 로마에 온 방문객들은 고대 로마인들이 했던 것 이상을 할 수 있을 것이다. 사자 우리와 원시적인 엘리베이터로 가득 차 있는 콜로세움의 내부로 기어들어 갈 수도 있고 날아서 개선문 꼭대기의 비문을 자세히 볼 수도 있다. 이것은 우리의 아이들과 손자들이 로마와 세계의 많은 다른 중요한 도시들의 역사를 배우는 데 사용될 가상 타임머신의 최초 시도라고 프로젝트를 이끌었던 버지니아 대학의 버나드 프리처는 말했다.

해설_ 윗글은 고대 로마를 디지털로 재현해 가상 체험을 할 수 있다는 내용을 담고 있다.

어휘_ unveil 발표하다, 공개하다
reproduction 재현, 복원
virtual 가상의

crawl 기어가다

bowel 내부

inscription 비문

triumphal arch 개선문

정답_ (c)

3.

해석_ 신호를 보내는 이동 통신 교환기와 신호를 받는 이동 통신 교환기 사이에 생기게 된 통화 채널 전환 과정을 향상시키기 위해 지금까지는 알려지지 않은 방식으로 메시지 순서의 사용과 관련된 기술이 제공된다. 구체적으로 말하면 ISANSWER 메시지는 통화 채널 전환 동안 신호를 보내는 이동 통신 교환기에서 신호를 받는 이동 통신 교환기로 선택적으로 전송된다. ISANSWER 메시지의 이런 전송 방식은 통화 채널 전환이 시작된 후에 이동 통신 기지국이 전화를 받으면 신호를 받는 이동 통신 교환기가 전화 건 사람에게 보내는 링백 서비스를 종료시킬 수 있게 한다.

해설_ 새로운 통화 채널 전환 방법이 이 글의 핵심 주제이다.

어휘_ sequence 순서

heretofore 지금까지, 이전에는

hand-off 통화 채널 전환

mobile switching center 이동 통신 교환기

terminate 끝내다, 마무리하다

정답_ (d)

4.

해석_ 프로이드는 한때 꿈, 즉 무의식이란 것은 부정(否定) 개념을 가지고 있지 않다고 말했다. 그는 무의식은 오로지 욕망으로만 구성되어 있다고 믿었기 때문에 그는 "아니요"라고 말할 수 있는 능력을 의식과 자아에 부여해 주었다. 프로이드의 주장에 의하면 부정(否定)은 지적 판단의 근원이었다. 그 근원은 인간의 가장 오래된 충동인 입의 충동에서 찾을 수 있었다. 부정(否定)의 심리 과정은 어떤 것을 먹을까 말까 하거나 삼킬까 뱉을까 하는 그러한 결정들로 시작하여 점차 어떤 것이 사실인지 아닌지 구별할 수 있게 되었다.

해설_ 첫 문장에서 자연스럽게 무의식의 부정 개념에 대해 언급하고, 마지막 문장에서도 the negation mechanism을 주어로 부정 개념에 대해 서술하고 있기에 (d)가 정답이 된다.

어휘_ unconscious 무의식

solely 다만, 오로지

negation 부정

정답_ (d)

Type B _ 테마별 Approach
The Gap between Haves and Have-nots
빈부 격차

STEP 3 Clinic

1.

해석_ 지구에서 10억 이상의 사람들이 극심한 가난 속에 살아간다. 이는 미국 인구의 세 배가 넘는 숫자다. 세계에서 가장 가난한 10억 명은 오염된 물을 마셔서 질병에 걸리게 된다. 그들은 부유한 나라에서는 쉽게 예방되는 병으로 목숨을 잃는다. 예를 들어 미국에서는 홍역이 100건이 안 되게 보고된다. 그러나 가난한 나라에서는 3천만 명이 감염되고 매년 50만 명의 어린이들이 이 예방될 수 있는 병으로 목숨을 잃는다. 흔한 설사는 불쾌하기는 하지만 미국에서는 거의 위험하지 않다. 그러나 깨끗한 물과 기본적인 의약품이 부족한 나라에서는 설사로 매년 백만 명의 어린이들이 죽는다.

해설_ 지문에 나온 in the U.S. there are fewer than 100 reported cases of measles의 내용과 (b)는 일치하지 않기에 (b)가 정답이다.

어휘_ measles 홍역

diarrhea 설사

정답_ (b)

2.

해석_ 세계 보건 기구는 건강과 수명에서 남북(선진국과 후진국)간 점증하고 있는 차이를 지적한다. 선진국에서는 치료법이 점점 더 정교해지고 그 밖의 다른 나라에는 의료 기반 시설이 부적절하거나 사실상 없어서 그 차이는 벌어질 것이다. 어쩌면 우리가 처한 상황의 진짜 추문은 어떤 지역들의 높은 사망률이 급속한 인구 증가 문제에 대한 사실상의 해결책으로 간주되게 될지도 모른다는 점일 것이다. 세계 인구가 변화하는 과정, 유형, 기간을 주의 깊게 분석하고 그것과 환경의 관계를 더 자세하게 연구하는 것이 필요하다.

해설_ 제일 첫 문장에서 선진국과 후진국의 건강과 수명 차이를 언급하면서 결국 인구 문제를 거론하고, 마지막 문장에서 analyse가 필요하다고 말한 것도 결국에는 인구 문제이다. 따라서 정답은 (d)가 된다.

어휘_ glaring 번쩍이는, 눈에 띄는

point out 지적하다, 가리키다

disparity 격차, 불균형

sophistication 복잡화, 정교화

therapeutic 치료의

infrastructure 기반 시설

mortality rate 사망률
demographic 인구의
time span 기간
transition 변화, 추이

정답_ (d)

malpractice 의료 과실, 부정 치료
award 손해 배상액
premium 보험료

정답_ (a)

STEP 4 Actual Test

1.

해석_ 미국 경제는 2차 대전 후 그 어느 때보다도 더 커다란 빈부 격차를 보여주고 있다. 간단히 말해, 가장 근본적인 이유는 미국 그 자체가 세계의 나머지로부터 독립된 경제 체제로 존재하길 포기해서이다. 캘리포니아 경제라는 말이 의미심장한 말이 아니듯이 미국 경제라고 말하는 것도 더 이상 의미심장한 것일 수 없다. 미국은 단지 세계 경제의 한 지역이 되고 있다.

해설_ 두 번째 문장에서 미국의 경제가 독립적 경제 대국이 아닌 세계 전체 경제의 일부임을 알 수 있다. 따라서 정답은 (b)가 된다.

어휘_ cease 멈추다, 중단하다
separate 분리된, 독립된
meaningfully 의미심장하게

정답_ (b)

2.

해석_ 미국에서 의료비는 1960년대 초반부터 지나치게 상승하여, 이러한 경향을 역전시킬 조치들이 필요하며 그렇지 않으면 보통의 미국인은 의료 보험을 받을 형편이 안 될 것이다. 의료비 상승의 주요 요인은 병원 서비스 비용의 놀라운 상승이었다. 지난 20년간 병원비가 인플레이션보다 상당히 더 높은 비율로 올랐기 때문에 병원비 상승을 전적으로 인플레이션 탓으로 돌릴 수는 없다. 의료비 상승의 주요 요인으로 의사들이 언급하는 또 다른 요소는 의료 과실이다. 의료 과실에 대한 손해 배상 재정액이 점점 커지면서 의사들은 더 높아진 의료 과실 보험료를 감당하기 위하여 진료비를 인상하였다. 의료비의 엄청난 상승의 원인이 무엇이든 간에 미국인들에게 너무 늦기 전에 정부는 강력한 조치를 취해야 한다.

해설_ 윗글의 하단에서 정부가 의료비를 낮추기 위한 조치를 취할 것을 촉구하였기에 정부가 그 조취를 취하지 않았다는 것을 알 수 있다.

어휘_ outrageously 지나치게, 터무니없이
take steps 조치를 취하다
reverse 바꿔 놓다, 전환하다
hospitalization 입원, 병원 치료

Chapter 5

Type A _ 유형별 Approach
Part II 일치 불일치 찾기

STEP 1 Pattern Study

Sample

해석_ 고든 브라운 수상은 네 명의 러시아 외교관을 추방한 것에 대해 영국이 "사과하지 않을" 것이라고 밝혔다. 런던에서 알렉산더 리트비넨코를 살해한 혐의를 받고 있는 전 KGB 요원을 모스크바가 인도하기를 거부한 후 이러한 결정이 내려졌다. 브라운 수상은 "향후 협력이 이루어질 예정이 없기 때문에 조치가 취해져야 한다" 고 말했다. 러시아 정부에서는 이러한 결정이 "부도덕한" 것이며, 영국에 "심각한 결과"를 초래할 수 있다고 경고했다. 전 KGB 요원이었던 리트비넨코는 2006년 11월 런던에서 방사능 물질인 폴로늄-210에 노출되어 사망했다. 하지만 모스크바 측에서는 이 사건과의 관련을 부인한 주요 용의자인 안드레이 루고보이를 송환할 것을 거부했다.

해설_ (c) 영국이 러시아 외교관을 추방하고 사과도 하지 않은 것에 대해 러시아가 불쾌감을 표하는 내용이 있다.

어휘_ expel 추방하다
　　　 hand over 넘기다, 인도하다
　　　 extradite 넘겨주다, 송환하다

정답_ (c)

STEP 2 Clinic

1.

해석_ 지난 십 년 간 최고의 블록버스터인 〈다크 나이트〉는 아카데미가 81회 아카데미상의 후보를 발표할 때 오스카 최고 영화상에 후보로 지명된 첫 번째 수퍼 히어로 영화가 될 수 있다. 갈채를 받은 그 배트맨 어드벤처는 특히 미국 감독 조합상에 후보로 지명되면서 최근 큰 힘을 얻고 있다. 최소한 한 "기사" 의 후보 지명은 거의 확실해 보인다. 1년 전 약물 과다로 숨진 고(故) 히스 레저의 최우수 조연상이 그것이다.

해설_ 마지막 문장에서 who died a year ago of an overdose of prescription pills로 보아 (b) 약물 오남용으로 죽었다는 것을 확인할 수 있다.

어휘_ acclaimed 격찬[호평]을 받은
　　　 momentum 탄력, 여세
　　　 all but 거의
　　　 supporting actor 조연

정답_ (b)

2.

해석_ 법안 지지자인 공화당의 브라이언 블레이크 의원은 자신은 혼

자 사냥하는 최소 연령 조건이 14세가 되어야 한다고 오랫동안 주장해왔다고 말했다. 1994년 이래로 워싱턴 주는 아이들이 허가를 받고 사냥 안전 과정을 이수하는 한 어른의 감독 없이 사냥을 할 수 있도록 허락해왔다. 블레이크의 말에 따르면 그 조치는 작년 스카짓 카운티에서 한 등산객이 그녀를 곰으로 착각한 14세의 사냥꾼의 손에 치명적인 총상을 입은 사건에 의해 촉구된 것이라고 한다. 만약 어린 사냥꾼들이 14세가 되기 전에 어른과 사냥하는 시간을 더 많이 갖게 된다면 그들은 야생에서 일어날 상황에 대해 더 잘 준비할 것이라고 블레이크는 믿는다.

해설_ 윗글 중간에 스카짓 카운티에서 등산객이 그녀를 곰으로 착각한 14세의 사냥꾼의 손에 치명적인 총상을 입은 사건이 힌트가 된다.

어휘_ Rep. 공화당원 (=Republican)
　　　 prompt 자극하다, 촉구하다
　　　 alongside ~와 함께

정답_ (c)

STEP 3 Actual Test

1.

해석_ 딴생각은 무조건 시간 낭비인 것처럼 느껴질 수도 있다. 하지만 정반대다. 다트머스 대학의 최근 연구에 의하면 딴생각을 하는 동안 실제로 당신의 뇌는 오늘 저녁은 뭘 먹을까 따위의 생각에서부터 당신의 아이가 어떤 벌레에 물렸는지에 대해서까지 당장은 상관없는 중요한 이슈를 처리하고 있다는 것이다. 그러니 지겨운 PTA 미팅 시간 동안 딴생각에 빠지는 자신을 용서하라. 당신이 자각하고 있지 못할지라도 당신은 다른 일들을 생각하고 있는 것이다.

해설_ 윗글 중반부의 '중요한 이슈를 처리하고 있다는 것이다' 라는 내용이 힌트가 된다.

어휘_ daydream 공상에 잠기다
　　　 relevant 관련된, 적절한
　　　 strategize 전략을 짜다, 주의 깊게 계획하다
　　　 space out 공상에 빠지다

정답_ (d)

2.

해석_ 론 하퍼는 22년 동안 식품점을 경영하다 1989년에 올스테이트 보험 회사에서 일을 시작했다. 하퍼는 거대 보험 회사의 직원으로서 아내와 그 자신을 위해 두둑한 연금 프로그램과 건강 보험인 401(k)로 부러운 노후 연금을 가지고 있었다. 하지만 회사가 고용 정책을 개편했을 때 하퍼와 6,000명이 넘는 동료 설계사들은 대부분의 혜택이 없어졌다는 걸 알았다. 그는 여전히 올스테이트 보험을 팔고

있지만 그는 더 이상 회사 직원으로 간주되지 않는다. 대신 그와 다른 동료들은 "개인 사업자"로 재분류되었다. 그리고 회사 연금 플랜도, 은퇴 후 보험 혜택도 가질 수 없게 되었다.

해설_ 윗글의 중간에 하지만 회사가 고용 정책을 개편했을 때 하퍼와 6,000명이 넘는 동료 설계사들은 대부분의 혜택이 없어졌다는 걸 알았다 는 내용이 힌트가 된다.

어휘_ representative 판매 대리인, 상담원
401(k) 퇴직 연금의 종류
slip through one's fingers 놓치다, 빠져나가다

정답_ (d)

3.

해석_ 부모들은 그것을 아이들을 위한 키높이 의자로 사용해왔다. 사격수들은 그것을 목표물 사격 연습에 사용해왔다. 그리고 장사들은 그것을 반으로 찢어서 그들의 힘을 자랑하기도 했다. 하지만 지난 세기 동안 미국 도시 가정의 붙박이였던 두꺼운 전화번호부는 더 많은 사람들이 휴대폰으로 일반 전화를 대신하면서 두께가 얇아져 가고 있다. 일반 전화 대신 휴대폰을 쓰게 되면 그들의 이름은 전화번호부에서 사라진다. 최근 맨하탄의 인구는 매년 약 만 명씩 증가하고 있으며 현재 160만 명의 거주자가 있다. 하지만 2007년 베리존 개인별 전화번호부는 2006년 판에 비해 142페이지가 줄었다.

해설_ 지금 현재는 가치가 다소 떨어지고 얇아졌어도 전화번호부는 이전에는 가정의 필수 비치품이었다.

오답 피하기_ (a) 사격수들이 전화번호부를 맞추기 위해서만 총을 사용했다는 내용은 없다. (b) 전화번호부는 분량이 줄었다. (d) 전화번호부의 페이지는 감소했다.

어휘_ booster chair 어린이용 키높이 의자
marksman 사격수
rip 째다, 찢다
fixture 고정물, 비품
girth 둘레(의 치수)
landline 지상 통신선
White Pages (전화 번호부의) 개인별 가입자란

정답_ (c)

4.

해석_ 일본 경제는 1-3월에 2분기 연속으로 미국과 유럽을 능가하며 일본 은행이 8월에 금리를 인상할 거라는 예상에 힘을 실었다. 일본 경제는 1-3월에 이전 눈금보다 0.8% 확대되었는데 이것은 활발한 자본 지출 증가로 0.6%를 예상한 초기 견해에서 상향 조정된 것이다. 소비는 초기 견해보다 조금 줄었지만 표제 수치는 경제학들

의 예측과 맞아떨어졌다. 연간 기준으로 국내 총 생산은 예상치 2.4%에서 증가해 3.3% 성장했다고 정부는 월요일 말했다. 이것은 모두가 예상한 3.1%의 재평가보다 약간 높았다.

해설_ although consumption was revised down slightly from the initial reading이라는 서술로 볼 때 소비 증가율은 예상에 미치지 못했다고 봐야 한다.

어휘_ outperform 능가하다
reinforce 강화하다

정답_ (b)

Type B _ 테마별 Approach
Cancer 암

STEP 3 Clinic

1.

해석_ 각각의 암 종류가 근원, 구조, 치료에 대한 반응 등에 있어 기본적으로 다르기 때문에 믿을 만한 예방 기술을 규명하기란 극히 어려운 일이다. 암 예방의 목적이 어떠한 변화도 발생하지 않는 결과를 제공하는 것이기에 특정 행태가 암을 예방한다는 증거는 확인하기 어렵다. 게다가 암 예방은 보통 한 번의 과정으로 성취될 수 없기에 이러한 예방책은 어떤 결과가 조사되기에 수년이 걸린다. 어떤 것이 특정 유형의 암 예방에 도움이 된다는 것이 밝혀질지라도 특정 방식으로 먹거나 행동하는 것이 암 발병을 완전히 제거한다는 것을 확신하지 못한다.

해설_ these preventative measures must be taken for many years라고 제시되는 뒷부분에서 유추하건대 암 예방 조치가 한 번에 이뤄질 수 없다는 (b)가 답이 된다.

어휘_ exceedingly 대단히, 매우
responsiveness 반응
reliable 믿을 만한
additionally 게다가

정답_ (b)

2.

해석_ 암을 물리치기 위한 전투에서 화학 요법은 때때로 치명적이거나 멈추어져야만 하는 참을 수 없는 부작용을 발생시키기도 한다. 이제 과학자들은 환자들이 암 치료제를 얼마나 잘 견딜 수 있는지 예측할 수 있는 단순하고 여전히 실험적인 테스트를 개발했다. 환자들은 간에서 분해되는 도중에 탄소 입자를 방출하는 소량의 약을 주입한 직후에 (풍선을 부는 것으로) 호흡 분석을 한다. 이때 탄소량이 아주

적다는 것은 신체가 암 치료약을 서서히 흡수하므로 독성이 약한 투약이 요구된다는 것을 의미한다.

해설_ fatal, intolerable side effects, less toxic 등의 단어에서 화학 요법의 유해 가능성을 유추할 수 있다.

어휘_ chemotherapy 화학 요법

　　　break down 분해하다, 화학 변화를 일으키다

　　　metabolize 물질대사로 변화시키다

정답_ (b)

STEP 4 Actual Test

1.

해석_ 카페인은 간 손상, 파킨슨병, 당뇨병, 알츠하이머병, 담석, 우울증 그리고 심지어 일부 형태의 암으로부터 보호하는 효과가 있는 것처럼 보인다. 유일하게 증명된 의학적 단점은 혈압의 일시적인 상승인데 고혈압이 있는 사람에게만 문제가 된다. 몇몇 연구들은 임산부의 유산 위험과 유방 양성 낭종 발생 위험이 높다고도 제시했으나 이러한 주장들은 논란의 여지가 많다.

해설_ 카페인이 간 손상, 파킨스병, 당뇨병, 알츠하이머병, 담석, 우울증 그리고 심지어 일부 형태의 암으로부터 보호하는 효과가 있다고 했지 bladder cancer(방광암)에 대한 언급은 없었다.

어휘_ diabetes 당뇨병

　　　gallstone 담석

　　　hypertension 고혈압

　　　miscarriage 유산

　　　benign 양성의

　　　cyst 포낭, 낭종

정답_ (b)

2.

해석_ 미국 암 학회는 유방 X선 검사에 대한 새로운 지침을 지난주에 발표하면서 40대 여성들은 유방암 정밀 검진을 매년 실시할 것을 권했다. 이전의 지침은 이 검진을 40세부터는 1~2년마다 한 번씩, 그리고 50세부터는 매년 한 번씩 할 것을 권했었다. 전문가 위원회가 이번 달 초 새로운 권고안을 만들고 학회 이사회가 이를 이번 주말에 승인했다. 보다 젊은 여성들이 매년 검진함으로써 다음 5년 동안 아마도 10,000명의 생명을 구하게 될 것이라고 그 위원회는 말했다. 이 연령대에 빨리 성장하는 암에 비추어 현재의 평균 2년 간격이 권장할 만하다고 위스콘신 대학 의료원 소속의 외과 의사 수전 헤이워드 박사가 말했다.

해설_ 첫 문단에서 new guideline을 제시했다는 소개를 했고, 그에

따른 구체적 숫자까지 소개를 하고 있기에 정답은 (c)가 된다.

어휘_ mammogram 유방암 검진

　　　cancer screening 암 검사

　　　a panel of experts 전문가 위원회

　　　interval 간격

정답_ (c)

Chapter 6

Type A _ 유형별 Approach
Part I 질문 직접 제시형

STEP 1 Pattern Study

Sample

해석_ 당신의 사업에 필요한 것을 충족시켜주는 완벽한 광고 계획을 세우길 원한다면 우리가 당신이 찾고 있던 결과를 가져다줄 수 있습니다. 저희 수준 높은 전문가들이 당신을 기꺼이 도와줄 것입니다. 시애틀 시장 또는 당신의 사업 분야에 관한 정보를 요청하시려면 저희 전략 조사 부서에 연락 주십시오. 저희는 당신의 이름, 사업명, 주소, 그리고 당신에게 연락할 가장 적절한 시간과 함께 당신이 찾고 있는 조사 분야를 알 필요가 있습니다. 당신의 사업에 대한 간략한 소개도 또한 도움이 될 것입니다.

해설_ 윗글은 광고·마케팅 연구가(조직)가 잠재 고객에게 자신들을 광고하는 글이다.

어휘_ category 부문, 종류
    description 기술, 서술

정답_ (c)

STEP 2 Clinic

1.

해석_ 《네이처》지의 연구에 따르면 계절 비대칭은 1년 중 가장 따뜻한 날과 추운 날이 50년 전보다 이틀 정도 빨리 온다는 것을 의미한다. 그 연구는 또한 여름과 겨울의 평균 기온의 차가 같은 50년의 기간 동안에 줄었다는 것도 알아냈는데 그것은 겨울이 여름보다 빨리 더워진다는 것을 가리킨다. 그 변화는 인간이 야기한 지구 온난화와 연결되는 지구의 기온 상승과 일치한다.

해설_ 계절 비대칭과 평균 기온 차의 감소는 지구의 온도 상승과 연관이 있으며, 이는 인간의 활동에 의해 야기된다는 것을 마지막 문장에서 제시하고 있다.

어휘_ skewing 비대칭
    coincide 동시에 일어나다, 일치하다
    induce 일으키다, 야기하다

정답_ (b)

2.

해석_ 만약 당신이 연료가 더욱 절감되는 차를 살 준비가 되어 있지 않다면 당신이 어떤 차를 몰든 간에 돈을 절약할 수 있는 방법은 여전히 많다. 가장 큰 연료 절감은 하이브리드 기술이 아닌 오래된 기준으로부터 나온다. 카풀과 대중교통수단. 만약 당신과 한 명의 친구가 직장까지 같이 번갈아가며 통근하기로 한다면 약 50%의 연료를 절감하게 된다. 다른 어떠한 수단도 그만큼 줄일 수 있는 것은 없다.

대중교통수단은 연료를 줄이고 돈도 절약해준다. 그것은 또한 교통 혼잡을 줄여 많은 사람들의 연료를 절약하여 준다.

해설_ 연료 절감의 수단으로 등장한 하이브리드 자동차 대신에 오래 전부터 유용한 방법이었던 카풀 및 대중교통수단 이용을 제안하고 있다.

어휘_ trade off 번갈아[교대로] 하다
    congestion 혼잡

정답_ (b)

STEP 3 Actual Test

1.

해석_ 한 개발자 팀이 보잉 757기가 정비를 위해 지상에 있을 때 태양 에너지로 그 비행기를 충전할 수 있는 세계에서 가장 친환경적인 비행 시설이 될 것을 공개한다. 버뱅크의 밥 호프 공항에 있는 6만 평방 피트의 그 새로운 시설은 업계 유일의 태양열 공항 격납고가 될 것으로 보인다. 지붕의 광전지판은 그 빌딩의 조명을 가동하고 지게차와 같은 지상의 전기 동력 장비를 재충전하는 데 충분할 만큼의 전기를 제공한다.

해설_ 전기를 생산하는 것은 지붕의 광전지판이다.

어휘_ take the wraps off 공개하다
    aviation 비행, 항공
    hangar 격납고
    rooftop 지붕의, 옥상의
    photovoltaic 광전지의
    juice 전기, 전류
    forklift 지게차

정답_ (b)

2.

해석_ 일반적으로 짧은 크루즈 여행은 낡고 안 좋은 배를 이용한다. 더 새롭고 그럴듯한 배를 타려면 7일은 투자해야 한다. 이상적인 기간은 목적지에 달려 있다. 카리브해에서 7일은 충분하지만 유럽으로 가려면 최소 10일에서 14일은 걸린다. 최고의 모험과 최소의 겉치레를 원하는 커플은 강 여행이나 해안가를 도는 작은 배를 생각해보는 것도 좋다. 가족에게는? 큰 배는 아이들을 위한 시설을 갖추고 있어 밖으로 나가거나 추가로 돈을 쓸 필요가 없을 것이다.

해설_ 지문의 중간에 '최고의 모험과 최소의 겉치레를 원하는 커플은 강 여행이나 해안가를 도는 작은 배를 생각해보는 것도 좋다'는 내용이 힌트가 된다.

어휘_ flashy 번지르르한

frill 겉치레, 과잉 서비스

ostentation 겉치레, 허식

정답_ (c)

3.

해석_ 라스베이거스가 "저렴한 휴양지"와 동의어라는 것을 기억하는가? 수년 전 이야기일 것이다. 그 도박의 중심지가 어른들의 멋진 놀이터가 된 이후에 라스베이거스의 일부 주말 숙박료는 $200를 넘어 최고가에 이르렀다. 하지만 더 이상 아니다. 경기 침체는 라스베이거스를 어렵게 해 2008년 말에는 지난해보다 손님이 10% 이상 줄었다. 호텔의 평균 숙박료는 9% 이상 내렸다.

해설_ 최근 라스베이거스의 숙박료가 내려진 이유는 경기 침체 때문이다.

어휘_ Sin City 라스베이거스

synonymous with ~와 동의어의, 같은 뜻의

getaway 휴양지

zoom 급등하다, 급상승하다

stratosphere (물가의) 최고가

downturn 침체, 하락

humble 겸허하게 하다, 낮추다

log 기록하다

정답_ (b)

4.

해석_ 약 500명 정도인 툴룩삭의 거의 모든 주민들이 식량과 연료 사이에 위험한 줄타기를 하고 있다. 알래스카의 시골 생활은 항상 (안전한 것 같으면서도) 위험했다. 하지만 작년의 연료비 급상승과 최악의 조업기가 맞물려 미국 변방의 아슬아슬한 마을을 수십 년간 최악의 위기 상황으로 몰아가 인도적 도움을 요청하고 가격 개혁을 요구하는 상황이 초래되었다.

해설_ 알래스카를 최악의 위기 상황으로 몰아간 것은 연료비의 급상승과 조업 실패이다.

어휘_ perilous 위험한

balancing act 양쪽을 만족시키는 행위, (위험한) 줄타기

treacherous 불안정한, 위험한

escalation 상승

plunge A into B A를 B로 몰아넣다

ramshackle 넘어질 듯한, 흔들거리는, 약한

정답_ (c)

Type B _ 테마별 Approach
Bank 은행

STEP 3 Clinic

1.

해석_ 1933년에 미국에서 대규모 은행 위기가 발생했다. 이전 두 해 동안에 많은 은행들이 파산했고, 예금을 손해볼지도 모른다는 두려움 때문에 많은 예금주들은 은행에서 자신들의 자금을 인출해 갔다. 미시건 주에서는 문제가 대단히 심각해져서 주지사인 윌리엄 A. 콤스톡은 1933년 2월 14일에 미시건 주 내의 모든 은행 업무 활동에 대해 지불 유예를 선언할 수밖에 없었다. 미시건 주의 공황은 빠르게 다른 주로 퍼져갔고, 3월 6일에 프랭클린 D. 루즈벨트 대통령은 미국 전역에 은행 업무 지불 유예를 선언함으로써 전국의 은행 업무가 중단되었다. 의회는 은행 위기를 해결하기 위해 즉각 임시 회의를 소집했고, 3월 9일에 재정적으로 튼튼한 은행들이 다시 문을 열 수 있도록 도와주기 위해서 1933년 은행 긴급 조치법을 통과시켰다. 3월 15일에는 미국 금융 저축의 90%를 지배하고 있던 은행들이 다시 영업을 재개했다.

해설_ 은행에 관한 긴급 법안은 건실한 은행들이 다시 영업을 재개하는 것을 돕기 위하여 만들어졌는데, 그럼에도 90%의 은행만이 영업을 재개할 수 있었다는 것은 10%의 은행은 법안의 도움으로도 재기할 수 없을 만큼 부실한 상태였다는 것을 의미한다.

어휘_ massive 대규모의

preceding 선행하는, 앞선, 이전의

depositor 예금자

moratorium 지불 유예[정지]

special session 임시 회의

reserve 저축, 적립금

정답_ (d)

2.

해석_ 저축성 예금을 가지고 있는 평균적인 사람들은 일상적인 은행 수수료로 5% 이상을 지출한다. 그러나 그 손실을 막는 가장 빠른 방법은 쉬우며 실제로 많은 은행들에 의해 제공되고 있다. 국민 은행과 내셔널 은행 같은 많은 기관들은 잔고가 일정 수준 이하로 내려가지 않는 한 거래 수수료를 물리지 않는 계좌를 제공한다. 보통 은행들은 최소 $1,000의 잔고를 요구한다. 예를 들어 $1,000 이상의 잔고가 있는 계좌가 ATM 사용 수수료를 물지 않으나 다른 서비스에는 수수료가 부과된다. $5,000 이상의 계좌는 어떠한 수수료도 붙지 않는다. 일반적으로 돈을 더 많이 갖고 있으면 절약하기가 더 쉬워진다.

해설_ 은행 수수료로 평균 5% 이상을 지출하게 되지만 예치 액수에

따라서 수수료를 차등 부과하므로 잔고를 일정 액수 이상으로 유지하는 것이 수수료를 절약하는 방법임을 알 수 있다.

어휘_ day-to-day 일상의
upwards of ~이상, 거의, 약
provided ~을 조건으로 하여, 만일 ~라면
balance 잔액
dip 내려가다, 감소하다
automated teller machine 현금 자동 입출금기
levy 부과하다
transaction fee 거래 수수료

정답_ (a)

STEP 4 Actual Test

1.

해석_ 연방 준비 은행은 연방 예산 적자—정부가 세금으로 받는 것에서 그 지출을 제한 금액—가 근래 15년 동안 최저라고 오늘 발표하였다. 민주당과 공화당이 그 감소에 대한 공이 누구에게 있는가에 대해 동의하지 못할지라도 양당은 그 하락이 연방 지출의 감축과 예상보다 양호했던 경제 때문이라고 본다. 그러나 연방 준비 은행은 좀 더 당파를 초월한 접근을 채택하여 적자 감소는 미국 정부의 총부채율의 감소로 인한 절감 때문이라고 하였다.

해설_ both parties attribute the drop to a stronger-than-expected economy coupled with a slowdown in federal spending에 언급되어 있다.

어휘_ deficit 적자
low 최저 수준
get the credit for ~에 대한 공을 인정받다
non-partisan 초당파적인, 객관적인
Uncle Sam 미국 정부
outstanding debts 미불 채무

정답_ (b)

2.

해석_ 연방 준비 은행 의장인 앨런 그린스펀은 미국의 일자리가 곧 증가할 것이라고 말했다. 그리고 한편으로는 일자리 감소를 막기 위해 벽을 세우는 것은 미국에게 기대에 어긋난 결과를 가져올 수 있다고 경고했다. "아마 고용은 생산이 계속 늘어나기 때문에 곧 더 빨리 증가하기 시작할 것이다. 우리는 항상 그래왔던 것처럼 새로운 일자리가 옛 일자리를 대치할 것이라고 확신할 만한 이유가 있다. 그러나 미국의 일자리 재편성 과정은 고통이 없을 수는 없다"고 그는 말했

다. 그러나 그는 자유 무역에 대한 제한은 미국의 생활 수준에 피해를 줄 수 있다고 말하면서 보호 무역주의에 대한 자신의 경고를 반복했다. "역사가 분명하게 보여주는 것처럼 우리 경제는 세계 경제에 충분히 활동적인 참여에 의해 가장 많이 도움 받고 있다"고 그린스펀은 말했다.

해설_ 이 글은 그린스펀의 생각을 표현한 글로서 그는 일자리 증가는 낙관적으로 보고 보호무역주의에 대해서는 경고하고 있다.

어휘_ pick up 회복하다, 속도를 내다
erect 세우다
in a bid to ~하려고 하여, ~할 목적으로
curb 억제하다
backfire 기대에 어긋난 결과가 되다
in all likelihood 아마, 십중팔구
turnover 전환, 재편성
protectionism 보호 무역주의

정답_ (d)

Chapter 7

Type A _ 유형별 Approach
Part II 추론과 다음에 이어질 내용 질문

STEP 1 Pattern Study

Sample

해석_ 의류 건조기가 미국 가정에서 사용되는 전기량의 최소 6%를 잡아먹고 있을 때 빨랫줄이 재등장하는 것이 놀라운 일인가? 이웃에게 민폐가 된다는 이유로 이러한 것들이 금지되어 있는 곳에서 건조할 권리를 요구하는 사람들이 연합을 형성하고 있다. 그들의 이유는 에너지 소모를 줄이고 옷을 더욱 하얗게 하기 위해 표백제보다 햇빛을 이용하고자 함이다.

해설_ 두 번째 줄에서 '이웃에게 민폐가 된다는 이유로 이러한 것들이 금지되어 있는 곳'이라는 내용이 힌트가 된다.

어휘_ account for (~의 비율을) 차지하다
unsightly 보기 흉한, 눈에 거슬리는
nuisance 폐, 남에게 폐가 되는 행위
alliance 동맹, 연합
bleach 표백제
call upon 이용하다

정답_ (d)

STEP 2 Clinic

1.

해석_ 이전에 하와이 휴가를 계획하는 것은 정말로 스트레스 받는 경험이었다. 나는 며칠을 인터넷 검색을 하면서 리조트를 알아보고 최상의 렌탈을 찾기 위해 사이트들을 돌아다녔다. 그러나 더 낫고, 더 싸고, 해변에서 더 가까운 장소가 있는지 항상 궁금했다. 이제 하와이 여행객들은 운이 좋은데, 한 웹사이트가 그 모든 힘든 일을 하여 거의 모든 하와이의 휴양지 목록을 작성했기 때문이다. 지도에는 휴양지가 어디 있는지 나와 있으며 해변가의 위치도 알려주고 해변가에서 휴양지까지의 거리도 알 수 있다.

해설_ 자신의 과거 여행 경험과 대비시키며, 온라인 예약으로 여행 일정을 간단히 계획할 수 있는 사이트를 언급하고 있으므로 이후 웹사이트에 대한 자세한 설명이 이어질 것이다.

어휘_ rental 임대

정답_ (a)

2.

해석_ 여자친구에게 청혼할 때가 되었을 때 나는 밸런타인 데이에 보나벤쳐 호텔의 회전 칵테일 라운지에서 청혼하기로 결정했다. 34층 라운지는 근사한 시내 전망을 보여준다. 게다가 회전하는 공간은 그녀를 매우 어지럽게 해 그녀는 자신이 나와의 결혼에 동의하는지

소금을 건네주는 것에 동의하는지 확신하지 못했다. 다른 많은 미국 남자처럼 나는 중대한 낭만 유전자가 결핍되었다. 그들의 고통을 줄여주기 위해 우리는 여행 및 낭만 전문가와 상의해서 청혼하기에 가장 좋은 장소의 목록을 만들기에 이르렀다.

해설_ 윗글의 하단에 '청혼하기에 가장 좋은 장소의 목록'이 나왔기에 그 뒤에는 그것에 대한 세부 내용이 나올 것으로 추측할 수 있다.

어휘_ propose to 청혼하다
pop the question 청혼하다
stunning 기절할 만큼의, 근사한
consent 동의하다, 승낙하다

정답_ (d)

STEP 3 Actual Test

1.

해석_ 글래드웰의 첫 번째 책 《티핑 포인트》는 생각과 경향 그리고 유행이 예상하지 못한 바이러스처럼 일반 대중에게 퍼져 가는 것에 대한 연구였다. 《블링크》에서 글래드웰은 순간 판단을 주제로 삼는다. 그는 정보도 거의 없이 순간적으로 내리는 직관적이고 무의식적이며 반사적인 결정들이 왜 더 많은 정보를 바탕으로, 더 깊은 생각을 통해 내려진 선택들보다 더 나은 것으로 판명되는 일이 그토록 잦은지 알고 싶어 한다.

해설_ 글의 전반적인 논조는 성급한 결론도 신중하고 시간을 오래 끈 생각보다 더 나을 수도 있다는 내용이다. made in seconds on the basis of very little information에서 (a)가 정답임을 알 수 있다.

어휘_ fad 일시적 유행
snap 갑작스러운, 즉석의
intuitive 직관[지각]에 의한
seat-of-the-pants 직감적인, 반사적인

정답_ (a)

2.

해석_ 스탠리 밀그램의 악명 높은 쇼크 실험이 더욱 잔인한 형태로 돌아왔다. 최초의 실험은 나찌의 강제 수용소까지 유대인 이송을 감독한 아돌프 아이히만의 뉘른베르크 재판에서 영감을 받았다. 밀그램은 고통으로 비명지르고 심장 상태를 호소하며 실험의 정지를 호소하는 희생자들에게 점점 더 강렬한 전기 충격을 주라고 피실험자들에게 지시하는 실험을 했다. 피실험자의 절반 이상이 지시에 따라 죽음의 수준에 이르기까지 천천히 전기 충격을 올렸다. (이런 실험은 1973년 미국 심리학회에 의해 비윤리적이라는 판정을 받았다.)

해설_ 아돌프 아이히만의 행적은 대략적 설명이 이미 되어 있고 윗글의 주제와 별개이다.

어휘_ infamous 악명 높은

concentration camp 강제 수용소

subject 피실험자

instruct 지시하다, 명령하다

lethal 죽음에 기르는, 치명적인

정답_ (c)

3.

해석_ 많은 자료들이 DUI(알콜이나 약물에 취한 상태에서 하는 운전)와 관련된 인명 손실을 방지하기 위해 이용되고 있다. 이런 조치가 다양한 정도에서 효과적임을 증명해왔음에도 불구하고 사회는 여전히 DUI와 관련하여 심각한 인명 손실을 겪고 있다. 음주자의 차량 운전을 방지하기 위해 고안된 한 기기는 차량을 출발시키기 전에 짧은 시간 동안 숫자 정보를 입력해야 한다. 술이 취한 상태에서도 이런 류의 임무는 할 수 있기 때문에 일부 사람들에게는 이 기계의 효과가 제한적이다. 더욱이 취한 운전자 대신 취하지 않은 사람이 대신해줄 수도 있다.

해설_ 뒤에 나올 내용을 추론하는 문제에 대한 힌트는 거의 지문의 하단에 있다. 지문의 ㅎ단에 음주 운전 방지 장치의 미비점에 대해 거론하고 있기에 뒤에 나올 내용도 그것에 대한 세부 사항 정도가 논의될 수 있다.

어휘_ impaired 술 취한

numerical 수의, 숫자로 표시된

intoxicated 술 취한

sober 술 취하지[마시지] 않은

정답_ (d)

4.

해석_ 어릴 때부터 남자들은 어떻게 여자를 다뤄야 하는지에 대해 똑같은 소리를 계속 듣는다. 더욱 칭찬해주고 더 들어줘야 하며 더 로맨틱해야 한다. 하지만 때때로 특히 관계가 진전되면서 남자들은 자신이 아부하는 불리한 입장이라는 느낌을 받을 수도 있다. 거의 70%의 남자들이 여자로부터 좀 더 정기적으로 칭찬을 받고 싶다고 말한다. 모든 남자들이 입게 발린 칭찬을 받아야 한다는 얘기가 아니다. 하지만 가끔씩 그에게 사용해보는 것은 좋지 않을까. 몇 가지 간단한 말로 여자가 남자를 기분 좋게 만들 수 있는 것들이 있다.

해설_ 윗글의 하단에 '몇 가지 간단한 말로 여자가 남자를 기분 좋게 만들 수 있는 것들이 있다' 라는 내용이 힌트가 된다.

어휘_ hammer 되풀이하여 역설하다, 주입시키다

compliment 칭찬

the short end of the stick 불리한 입장, 손해

fawning 아양 부리는, 아첨하는

verbal rose 입에 발린 칭찬

coddle 상냥하게 다루다, 응석받이로 기르다

cuddle 껴안다, 껴안고 귀여워하다

정답_ (b)

Type B _ 테마별 Approach
Racial Segregation 인종 차별

STEP 3 Clinic

1.

해석_ 인종차별주의는 우리 미국 사회에서 너무 극심하고 널리 퍼져 있어서 자유스런 분위기 속에서 살고 있는 흑인은 아무도 없다. 자연 세계는 두려움과 탐욕으로 지배된다. 세계는 사악하고 탐욕스런 사람들을 순진하고 상처 입고 무고한 희생자들과 싸움시키는 것으로 이루어진다. 권력은 강자에게 속하고 강자는 여러 면에서 거대하다. 이 백인 남성 위주의 미국 사회에서 흑인 여성보다 더 희생되는 사람은 없다.

해설_ 마지막 문장(No one is more victimized in this white male American society than the black female.)에서 답을 얻을 수 있다.

어휘_ racism 인종차별주의

extreme 극심한

pervasive 퍼지는, 스며드는

pit A against B A를 B와 싸우게 하다

vicious 사악한

avaricious 탐욕스러운

naive 순진한

victimize 희생시키다

in more ways than one 여러 가지 의미로, 여러 면에서

정답_ (d)

2.

해석_ 미국은 인종 문제라는 중대한 과제에 직면해 있다. 이것을 해결하는 유일한 길은 교육을 통한 것이다. 흑인들은 미국을 건설함에 있어서 흑인 개인 및 집단이 기여했던 바를 알아야 한다. 이것은 그들의 자기 존중을 위해서 결정적으로 중요한 것이다. 그리고 백인들이 이것을 아는 것은 더 중요하다. 왜냐하면 한 사람이 언급할 만한

가치가 있는 그 어떠한 역사도 갖고 있지 못하다고 한다면 그 사람은 인간으로서 어떤 가치도 없는 것으로 생각하기 쉽기 때문이다. 가공스러운 노예 제도를 정당화하기 위하여 노예 소유자들은 유순하기만 하고 지능이 낮은 흑인, 자기 개선의 가능성이 없고 자신의 운명에 만족하는 흑인이라는 신화를 창조해야만 했다. 이보다 더 진실에서 멀 수는 없다. 노예들은 기회를 포착할 때마다 자유를 위해 투쟁했으며 이러한 자유를 위한 봉기는 수없이 많았다. 그럼에도 불구하고 유순함에 대한 신화는 끈질기게 계속되었다.

해설_ 윗글의 첫 번째 문장에서 미국의 인종 문제를 다루고 있는 것이 힌트가 된다.

어휘_ hideous 가증스러운, 끔찍한
　　　 docile 온순한
　　　 slow-witted 우둔한
　　　 lot 운, 운명
　　　 uprising 봉기
　　　 docility 유순함, 온순함

정답_ (a)

STEP 4 Actual Test

1.

해석_ 친구들이여, 저는 오늘 여러분에게 말합니다. 당장의 어려움과 좌절에도 불구하고 저는 여전히 꿈을 갖고 있습니다. 그것은 아메리칸 드림에 깊이 뿌리박혀 있는 꿈입니다. 저는 어느 날 이 나라가 일어나 모든 인간은 평등하게 태어났다는 진실을 자명하게 받아들이고 그 신조의 진정한 의미를 실현시킬 것이라는 꿈을 갖고 있습니다. 저는 언젠가 조지아의 붉은 언덕에서 노예의 아들들과 노예 주인의 아들들이 형제로 같이 식탁에 앉으리라는 꿈을 갖고 있습니다.

해설_ 윗글은 마틴 루터 킹 주니어 목사의 연설문으로 미래에는 인간의 평등이 이루어질 것이라는 희망 섞인 내용이 담겨 있다. 따라서 윗글의 어조는 희망적이고 편견이 없다는 것이 옳다.

어휘_ frustration 좌절
　　　 live out 이룩하다, 현실화시키다
　　　 creed 신념, 주의
　　　 brotherhood 형제간, 형제애

정답_ (b)

2.

해석_ 1927년 인종 차별은 아프리카계 미국인이 병원에서 치료를 받거나 해주는 방법을 지정했다. 흑인 환자들은 종종 다락방이나 지하에서 치료를 받았다. 흑인 의사들은 백인 병원에서 훨씬 더 힘들게

지냈다. 1920년대 초반 존 A. 케니가 앨러배마 주 터스키지에서 뉴워크에 도착했을 때 중심가의 라이트 요양소가 흑인 의사가 일을 배울 수 있는 유일한 곳이었다. 근무할 수 있는 병원 수보다 더 많은 흑인 의사들이 있어서 케니 기념 병원이 1927년 9월 1일에 설립되었다. W. 키니 가 130번지에 위치해 있으며 현재는 뉴 살렘 침례교회가 사용하고 있는 그 건물은 주립 및 국립 사적지이다. 2005년 5월 14일, 뉴워크 문화재 보존 위원회는 그 교회 건물에 명판을 설치해 계획, 건축, 운영이 모두 뉴저지의 아프리카계 미국인에 의해 이루어진 뉴워크 최초의 공공건물로 승인했다.

해설_ 뉴워크 최초지 미국 최초라는 같이 지문에 없으므로 (a)는 정답이 될 수 없다. 지문의 마지막 문장을 참조했을 때 (b)가 정답이 된다.

어휘_ segregation 인종 차별
　　　 dictate 명령하다, 지시하다
　　　 administer (약을) 투여하다, (치료를) 해주다
　　　 fare well 잘 되어가다
　　　 sanatorium 요양소

정답_ (b)

Chapter 8

Type A _ 유형별 Approach
Part II 분위기 · 태도 · 목적형

STEP 1 Pattern Study

Sample

해석_ 나는 하루 종일 서서 일하고 일할 때 힐을 신어야만 한다. 굽이 높을 필요는 없지만 최신 유행을 반영해야 한다. 문제는 나는 더 이상 젊지 않고 내가 20대 때 신었던 하이힐을 더 이상 신을 수 없다는 것을 알았다는 것이다-. 정말 멋지고 할머니들이 신지 않을 것 같은 편안한 신발 브랜드를 소개해줄 수 있는가? 별것 아닌 일처럼 들린다는 것은 알지만 하루 종일 서 있고 나면 정말 괴롭다.

해설_ 윗글의 아랫부분에 편안하고 괜찮은 스타일의 신발을 소개해 달라는 내용이 있다.

어휘_ stiletto 하이힐 구두
trivial 하찮은, 별것 아닌

정답_ (a)

STEP 2 Clinic

1.

해석_ 콘크리트 벽돌로 건축하는 것을 생각해보신 적이 있으십니까? 귀하가 그 결과에 깊은 인상을 받으실 것이라 확신합니다. 그것은 대단히 강한 건축 자재입니다. 게다가 그것을 칸막이 벽을 만드는 데 사용하면 시끄러운 바깥 세상을 가장 효과적으로 차단할 수 있는 정말 짜맞춤 같은 방음벽이 됩니다. 이는 콘크리트 벽돌 건축으로 귀하의 건물에서 생활하는 사람들이 평화롭고 조용하게 살거나 일하게 됨을 뜻하는 것입니다. 이는 모든 사람에게 반가운 소식입니다. 귀하에게 정보를 드리고자 최근 카탈로그와 가격표 그리고 배달 일정 등을 동봉합니다.

해설_ 마지막 문장에서 카탈로그와 가격표를 동봉한다고 하므로 광고물인 것을 알 수 있다.

어휘_ partition 칸막이, 구획, 분할

정답_ (d)

2.

해석_ 본 발명의 목적은 주성분으로 EPDM을 포함하고 있는 고무 구성물을 제공하는 것인데, 그렇게 하면 고무 구성물로 된 고무롤러의 마찰계수를 낮추고 내마모성을 높이기 위해 첨가하는 가황 촉진제가 블루밍 현상(탄성을 위해 첨가한 오일이 빠져나오는 현상)을 일으키는 일 없이 효과적으로 가황될 수 있다. 앞서 기술한 문제를 해결하기 위해 주성분이 EPDM 고무로 되어 있는 고무 구성물이 포함된다.

해설_ 본 발명의 궁극적인 목적은 고무롤러의 마찰을 줄이고 표면 저항력을 강화하는 것이다.

어휘_ vulcanize 가황(加黃)하다, 황을 섞어 가열하다
accelerator 촉진제
thereto 거기[그것]에
comprise 이루어지다, 구성되다
coefficient of friction 마찰률
wear-resistance 내마모성

정답_ (d)

STEP 3 Actual Test

1.

해석_ 신물이 넘어오는 증상으로 고생하고 있다면 어떤 음식도 가슴앓이를 야기할 수 있습니다. 그리고 시간이 지나면서 산은 식도에 심각한 위협이 될 수도 있습니다. 그래서 만일 당신이 식단을 바꾸고 증상을 치료했는데도 여전히 가슴앓이가 일주일에 2~3일 정도 다시 온다면 당신의 의사에게 Kopill이라는 처방에 대해 물어보세요.

해설_ 윗글은 Kopill이라는 제약회사의 약에 대한 광고 문구이다.

어휘_ acid reflux 위산 역류
churn 휘젓다
esophagus 식도
heartburn 가슴앓이

정답_ (a)

2.

해석_ 언뜻 보면 멜 깁슨과 마이클 무어는 그들이 오스카상을 탄 것과 이름이 M자로 시작된다는 것 빼고는 별 공통점이 없다고 생각될 것이다. 멜 깁슨은 의연한 순례자로, 마이클은 땅딸막한 반항자로 표현된다. 즉 인간 스펙트럼의 양극이다. 아니라고? 하지만 그들을 오랫동안 충분히 지켜보라. 상상 이상으로 그들이 공통점이 많다는 걸 알게 될 것이다. 그들 둘 다 자신의 가치를 재확인시키고 있고 둘 다 다른 지역에서 온 사람들임에도 불구하고 항상 변화하고 미스터리한 미국의 주류에 통하는 분명한 표현 방식을 유지하고 있는 것 같다.

해설_ 윗글에서 필자는 멜 깁슨과 마이클 무어를 비교 · 비유하며 글의 내용을 풀어나가고 있다.

어휘_ buff 의연한, 강건한
lumpy 땅딸막하고 굼뜬
rebel 반항자, 저항자
it dawn on you that~ ~를 알게 되다
channel 표현 방식, 접근 수단
albeit 비록 ~이기는 하나, ~임에도 불구하고

enigmatic 정체 모를, 불가사의한

정답_ (d)

3.

해석_ 부엌일을 잘하지만 당신의 솜씨를 표현할 곳이 없다구요? 그렇다면 인터넷 요리 경연장 ismyblogburning.com은 당신을 위한 곳입니다. 매월 요리 블로거들이 여기 가상의 부엌에 모여서 한 가지 재료 요리나 요리 스타일을 바탕으로 조리법을 나누고 호스트(블로거의 주인)가 내용을 모아 취사선택해서 사이버 요리책을 만듭니다.

해설_ 첫 문장을 보면 요리 솜씨를 외부에 나타내지 않는 사람들을 주 대상으로 하고 있다.

어휘_ whiz 명인, 명수
scullery 식기실
outlet 배출구, 표현 수단
culinary 부엌[주방]의, 요리의
cookoff 요리 경연 대회
congregate 모이다
eclectic 취사선택하는, 절충하는
collate 맞추어 보다, 대조하다

정답_ (c)

4.

해석_ 마약과 범죄의 관계는 현대 마약 연구의 주요 관심 대상 중 하나이다. 최근 또 하나의 관심은 이미 사회적으로 여러 가지 어려움을 겪고 있는 마을에서 마약과 범죄의 심각한 문제들이 함께 일어나고 있다는 것이다. 무엇보다도, 이 논문은 오늘날 영국 마약 문제의 두 가지 중요 양상들에 새로운 시각을 제시하기 위해 마약과 범죄의 연결 고리를 완전히 사회적인 맥락에 놓고자 한다. 그렇게 함으로써 이 분석은 형사학 이론에서 몇 가지 중요한 이슈를 제기한다.

해설_ 윗글은 마약과 범죄 문제를 다룬 논문을 소개하는 글이다. 따라서 윗글의 어조가 설명적, 묘사적, 예시적일 수는 있으나 (d) mitigative(완화적)일 수는 없다.

어휘_ cluster together 밀집하다
nexus 연계(連繫), 관련
context 문맥, 배경
criminological 범죄[형사]학(상)의

정답_ (d)

Type B _ 테마별 Approach
Churchill 처칠

STEP 3 Clinic

1.

해석_ "미국은 옳은 일을 한다고 언제나 믿을 수 있습니다. 일단 다른 대안이 없으면 말입니다"라고 미국의 위대한 20세기 팬들 중 하나인 윈스턴 처칠은 말했다. 이 인용어는 미국의 외교 정책에 대한 전형적인 유럽인의 관점 중 두 가지 주요 요소가 들어 있다. 여기에는 경탄이 들어 있는데 이것은 미국이 20세기 유럽의 양 차 세계 대전에 간섭했을 때 의로운 편에 서서 마침내 승리를 이룬 경험에 근거한다. 그러나 여기에는 우월감도 들어 있는데 이것은 미국을 실수꾼이나 세계적으로 아는 체하는 바보라고 보는 관점이다.

해설_ ultimate success라는 표현과 빈칸 뒤에 나오는 superiority complex나 bumblers, global igncramuses 등은 서로 상반된 의미를 가지고 있기에 정답은 (d)이다.

어휘_ quip 빈정대다, 놀리다
found on 근거를 두다
intervene 개입하다, 간섭하드-
superiority complex 우월감, 우월 컴플렉스
bumble 실수하다
ignoramus 무식한 사람

정답_ (d)

2.

해석_ 저술 활동을 가장 많이 하는 연방 판사인 리처드 포스너 판사는 오스트리아 태생의 경제학자 조지프 슘페터의 말을 인용하였다. 공감을 느끼기 어려운 인물인 슘페터는 대중의 탐욕과 무지가 자본주의가 이룬 성과를 위협한다고 믿는 엘리트주의자였다. 포스너가 슘페터의 시각을 묘사한 바에 따르면 "민주주의는 이기적인 정치 엘리트 집단이 기본적으로 무지하고 무신경하며 매우 이기적인 유권자들에게서 표를 얻어내기 위한 방법으로 보여진다." 그렇다면 우리의 민주주의는 완전히 추잡한 것인가? 그렇지는 않으며 우리가 염려해야 할 정도도 아니다. 포스너 판사는 윈스턴 처칠의 경구인 민주주의는 몇 년간 시도해본 모든 제도들을 제외하고 가장 최악의 제도라는 말을 상기시킨다.

해설_ 포스너 판사는 슘페터와 처·칠의 말을 인용하면서 그들과 함께 민주주의에 대해 부정적 의견을 갖고 있다. 이와 반대로 글쓴이는 긍정적 견해를 갖고 있으므로 (a)가 정답이다.

어휘_ prolific 다작의
sympathetic 동정적인, 마음에 드는

elitist 엘리트주의자
capitalism 자본주의
greed 탐욕
conceive of 상상하다, 생각하다
self-interested 이기적인, 이기심의
apathetic 무관심한
electorate 유권자
squalid 더러운, 비열한
quip 명언, 신랄한 말

정답_ (a)

어휘_ circulation 발행 부수
ring up 전화 걸다
resent 화내다, 불쾌하게 여기다
property 경내, 소유지
venture 과감히 말하다
publicity 널리 알려짐, 공개

정답_ (b)

STEP 4 Actual Test

1.

해석_ 윈스턴 처칠이 말한 대로 소시지 생산과 정치는 매우 비슷하다. 최종 결과물은 맛있지만 그 과정은 지저분하고 입맛 떨어질 수 있다. 당신의 살라미 소시지(향미가 강한 이탈리아 소시지)는 조제(調製) 식품점의 카운터 뒤를 보지 않았을 경우에만 맛있다. 당신이 권력의 옷을 입고 있는 사람들에 대해 너무 많이 알게 되었을 때 당신은 마찬가지로 메스꺼움을 느낄 것이다.

해설_ 윗글은 정치와 소시지 생산의 유사점을 설명하는 글이다.

어휘_ enc product 최종 제품[결과]
messy 더러운
unappetizing 입맛 떨어지게 하는
savory 맛 좋은
delicatessen 조제(調製) 식품점
feel nauseated 메스꺼움을 느끼다

정답_ (a)

2.

해석_ 어느 날 그가 나와 점심을 먹기 위해 왔다. 언론 기관에서는 그가 온다는 것을 알고는 발행 부수가 많은 주간 화보인 《파리 매치》가 파리에서 전화를 걸어서 그와 나의 사진을 찍도록 일급 사진사를 보내겠다고 했다. 나는 윈스턴 경이 그런 짓을 싫어할 것이 분명하다고 그들에게 말하고는 그들이 나의 경내에 들어오는 것을 거절했다. 점심 준비가 되었다는 전갈을 기다리고 있는 동안 내가 윈스턴에게 내가 한 일을 말했을 때 그는 내가 기대했던 것처럼 그리 좋아하지 않았다. 사람은 세상에 알려지는 데 익숙해지면 알려지지 않을 때 약간 서운해 한다는 것을 나는 은근히 시사하는 바이다.

해설_ 윗글에 따르면 처칠은 기자들을 경내에 들어오지 못하게 했다고 말했을 때 언짢아했다.

Chapter 9

Type A _ 유형별 Approach
Part III 문맥상 어울리지 않는 것 찾기

STEP 1 Pattern Study
Sample

해석_ 이건 당신이 보게 될 달력 중 가장 놀랍고 재미있는 달력입니다. (1) 이건 달력에 사용될 이미지들입니다. (2) 간단히 말해서 저희 달력은 감정을 표현하고 사람들의 얼굴에 미소를 짓게 합니다. (3) 저희 달력은 모두 당신이 마음속으로 원했던 것을 구체적으로 인쇄해 주기 때문에 다른 어떤 달력과도 달리 달력 제작 능력을 제공합니다. (4) 각 달의 이미지에 당신이 붙인 당신만의 명칭을 넣어드리기 때문입니다.

해설_ 첫 문장의 the most amazing and exciting calendars라는 내용에 비해 (a)는 일반적인 달력의 이미지에 대한 언급이므로 전체 문맥과 어울리지 않는다.

어휘_ personalize 개인화하다, ~에 이름을 넣다
　　　 submit 의견으로서 말하다, 제안하다

정답_ (a)

STEP 2 CLINIC

1.

해석_ 대부분의 흡연자들은 그 습관을 버리기까지 여러 번 금연을 시도하지만 10% 미만만이 약 또는 상담 없이 금연에 성공할 것이다. (1) 미국인의 거의 1/5이 암, 심장병 그리고 수명 단축의 위험을 가지고 있다. (2) 사업주들이 흡연자에게 점점 더 높은 건강 보험료를 부담시켜도 그들은 계속해서 담뱃불을 붙인다. (3) 니코틴에 대한 중독성은 쉽게 깨지지 않는다. (4) 금연 이전에 니코틴 검을 사용하는 것 또한 사람들의 금연을 도와준다.

해설_ 윗글은 금연의 어려움 또는 금연의 중독성에 대한 내용이지 금연 보조제에 관한 이야기가 아니다.

어휘_ abstain 절제하다, 끊다
　　　 light up 담배에 불을 붙이다
　　　 hold 지배력, 위력

정답_ (d)

2.

해석_ 몇 개월 전 나는 내가 가진 모든 전화번호의 리스트를 만들었는데 그 일은 나를 약간 헷갈리게 했다. (1) 나는 흔히들 가지고 있는 세 가지인 집, 사무실, 휴대폰부터 시작했다. (2) 그리고 나서 주로 이메일용으로 쓰지만 내 모토로라 KRZR의 배터리가 나갔을 때 가끔 쓰는 블랙베리를 추가했다. (3) 당신들은 서로 휴대폰 번호가 없으니 이제 연락이 안 될 수밖에 없다. (4) 그리고 집의 보조 전화, 별장 전화, 팩스까지 합하니 총 7개의 전화번호가 되었다.

해설_ 전화번호 리스트를 만드는 과정에 관한 글이며 (3)은 그것을 만드는 이유이다.

어휘_ disturb 어지럽히다, 혼란시키다
　　　 occasional 이따금씩의, 가끔의
　　　 phone tag 연락을 취할 수 없는 상태
　　　 doomed to ~할 수밖에 없는 운명인

정답_ (c)

STEP 3 Actual Test

1.

해석_ 책 한 권이 경매에서 2백만 불에 팔렸다. 하지만 상당 부분은 읽을 수 없다. (1) 348페이지 중 일부는 찢어지거나 유실되었고 나머지 부분은 자주색 곰팡이 자국으로 불규칙하게 덮여 있다. (2) 검게 타버린 모서리와 물 자국은 불에서 겨우 건졌음을 나타낸다. (3) 이 책을 현재 보관하고 있는 볼티모어의 월터스 미술 박물관의 사본 관장인 윌리엄 노엘은 이렇게 얘기한다. "이 사본은 지금까지 제가 본 어떤 사본보다 최악의 상태입니다-." (4) 그것은 기원전 3세기에 살았던 고대 그리스 수학자이자 엔지니어였던 시라쿠스의 아르키메데스의 현존하는 가장 오래된 판본의 작품으로 특별한 보물이다.

해설_ 책의 보존 상태가 불량하다는 내용 뒤에 그 책이 중요하다는 내용이 갑자기 나온다.

어휘_ sprawling 유유히 자리잡고 있는, 불규칙하게 퍼져가는
　　　 patch 얼룩, 반점
　　　 mildew 곰팡이
　　　 sooty 그을은, 그을음으로 더러워진
　　　 stain 얼룩

정답_ (d)

2.

해석_ 비타민과 철분은 신체의 많은 과정들을 위해 당연히 존재하는 필요 물질입니다. (1) 철분이 포함된 제품의 우발적인 과다 복용은 6세 이하의 어린이에게는 심각한 독성을 일으키는 주요 원인이 됩니다. (2) 비타민과 철분은 우리가 먹는 음식에 있습니다. (3) 종합 비타민제와 철분은 알약, 캡슐, 약물 그리고 주사제로도 있습니다. (4) 철분이 함유된 종합 비타민제는 질병, 임신, 영양 부족, 위의 음식물 흡수 부족 그리고 다른 여러 경우에 발생하는 신체의 비타민과 철분 부족을 치료하는 데 사용됩니다

해설_ 윗글의 대부분은 비타민과 철분의 섭취 경로와 효능에 관한 내용이지 부작용에 관한 것이 아니다.

어휘_ overdose 과다 복용

multivitamin 종합 비타민제

injection 주사(액)

tablet 알약, 정제

정답_ (a)

3.

해석_ 우리는 영장류 중에서 가장 복잡한 두뇌를 가졌을 것이라고 시카고 대학의 유전학자 청이우는 말한다. (1) 하지만 침팬지의 두뇌는 빠르게 진화하고 있다. (2) 우와 그의 동료들은 인간의 뇌에 표현되는 유전자의 DNA 배열을 침팬지 그리고 유럽의 원숭이와 비교했다. (3) 다른 영장류가 빠른 변화를 겪고 있는 것처럼 보이는데 반해 인간의 뇌 유전자는 놀랍게도 고정적이었다. (4) 유전자의 너무 많은 변화는 기존의 기능들을 지속할 수 없게 한다.

해설_ 윗글의 요지는 인간의 두뇌의 변화 속도가 다른 영장류에 비해 그리 빠르지 않다는 것인데 (4)에서 언급하는 것은 변화와 현존하는 기능의 관계에 대한 내용이어서 전체 요지와 어울리지 않는다.

어휘_ primate 영장류

geneticist 유전학자

Old World 유럽

static 정지하고 있는, 변화하지 않는

정답_ (d)

4.

해석_ 필터의 작용은 특정 색깔의 빛을 막는 것이다. (1) 즉 몇몇 색깔의 광선은 자유롭게 통과시키는 반면에, 다른 색깔의 광선은 부분적으로 혹은 전부 흡수된다. (2) 이것이 필터의 기본적인 개념이며 필터가 사용될 때마다 명심해야 할 사항이다. (3) 모든 노란색 투명 물질은 필터로서 적합하지 않은데 몇몇 그런 물질들은 자외선을 자유롭게 투과시키지만 그 자외선을 완전히 흡수하는 다른 물질들과 똑같이 보이기 때문이다. (4) 필터는 특정 광선들을 선택적으로 흡수하기 때문에 필연적으로 색깔을 띠게 된다.

해설_ 윗글은 필터의 작용에 대한 개괄적인 설명인데 (c)는 노란색 필터에 대한 세부적인 설명이기에 윗글 전체의 흐름과 맞지 않는다.

어휘_ transparent 투명한

transmit (빛을) 투과시키다

정답_ (c)

Type B _ 테마별 Approach
Blood and Blood Pressure 혈액과 혈압

STEP 3 Clinic

1.

해석_ 최근 혈액 병으로 죽어가는 한 남자에게는 가능한 기증자가 한 사람 있었는데 바로 자신의 사촌이었다. 사촌은 자신의 골수 일부를 기증하기 거부하였으며 병자는 소송을 제기하였다. 법정은 기증자가 될 사람의 손을 들어주었고 그렇게 함으로써 그 병자에게 사형 선고한 거나 다름없었다. 내 생각으로는 혈액 기증의 거부는 부도덕하며 그 건강한 사람이 그의 골수를 주게 했어야 했다.

해설_ 마지막 문장으로 보아 (b)가 적당하다.

어휘_ bone marrow 골수

sue 고소하다, 소송을 제기하다

prospective 예상된, 기대되는

uphold 지지하다

condemn 선고하다, 선언하다

immoral 부도덕한

정답_ (b)

2.

해석_ 큰 소음을 참아야 하는 사람들은 그들의 귀보다 더 큰 위험을 감수하고 있을지 모른다. 연구 결과들은 그들이 조용한 환경에서 살고 일하는 사람에 비해 콜레스테롤 수치 상승과 위궤양, 고혈압 그리고 심장 부정맥이 더 높게 나타날 수 있다는 것을 보여준다. 큰 소음은 사람의 몸이 전투태세로 반응하게 하여 아드레날린의 수치를 높이고 이어서 혈압 상승과 근육 수축을 일으킨다.

해설_ 첫 문장에서 소음이 귀에 미치는 영향에 대해 언급하고 있다는 것이 힌트가 된다.

어휘_ stomach ulcer 위궤양

trigger 유발하다, 일으키다

adrenalin 아드레날린

contraction 수축, 위축

정답_ (c)

STEP 4 Actual Test

1.

해석_ 당신의 건강을 보살펴라. 고혈압은 심장이 너무 열심히 뛰어서 몸 전체에 혈액을 공급하지 못하는 것을 의미한다. 결과적으로, 혈액의 흐름을 유지하기 위해 심장 근육이 팽창한다. 혈압이 낮아지지 않으면 심장은 팽창하다가 완전히 박동이 멈출 것이다. 얄궂게도 고혈압은 또한 혈관을 두껍게 만들어 저항을 더 증가시켜서 혈압을 상승시킨다. 반응성 동맥 경화증이라 알려진 이러한 과정은 전체 심장 혈관계를 위험하게 한다. 이러한 상황에서 모든 사람은 잠재적으로 심장 질환, 발작 그리고 신부전증의 위험에 노출되어 있다. 사람들이 고혈압이 있을 때 그 영향은 아주 미묘해서 일반적으로 잘 인식하지 못한다. 그래서 정기적인 건강 검진이 필요하다. 고혈압인 경우에 환자가 1) 혈압을 빠르고 안전하게 낮추고, 2) 스트레스를 줄이도록 생활 습관을 바꾸며, 3) 정상적인 체중을 유지하고, 4) 적당한 음식을 섭취하고, 5) 필요하다면 캡슐 형태의 적절한 비타민을 적당히 섭취할 수 있도록 의사와 환자가 함께 노력해야 한다.

해설_ 윗글의 상단에 '고혈압은 심장이 너무 열심히 뛰어서 몸 전체에 혈액을 공급하지 못하는 것을 의미한다' 라는 내용이 힌트가 된다.

어휘_ high blood pressure 고혈압

　　 dilate 팽창하다

　　 hypertension 고혈압

　　 reactive 반응을 나타내는, 반응적인

　　 arteriosclerosis 동맥 경화증

　　 jeopardize 위태롭게 하다

　　 cardiovascular 심장 혈관의

　　 stroke (뇌졸중 등의) 발작

　　 kidney failure 신부전(증)

　　 in the event of 만일 ~의 경우에는

　　 intake 흡입

정답_ (d)

2.

해석_ 1971년 영문학 교사였던 셜리 놀란은 아들 안토니를 낳았다. 그는 희귀한 면역 시스템 결핍을 앓았다. 2년 후 혈연이 아닌 기증자를 이용한 세계 최초로 성공한 골수 이식술이 행해졌고, 놀란 부인은 그 시술이 안토니의 생명을 구해줄 것을 희망했다. 잠재적인 기증자 리스트가 없다는 것을 알고 그녀는 조직 적합 검사를 받고 등록하라고 사람들을 고취하는 끊임없는 캠페인을 시작했다. 그녀의 아들은 알맞은 기증자를 찾을 수 없어 1979년 죽었다. 그러나 놀란 부인은 이식 조직 등록 캠페인을 계속했다.

해설_ 윗글에 따르면 조직 적합 검사는 알맞은 기증자를 찾기 위함이다.

어휘_ deficiency 결핍

　　 immune system 면역 체계

　　 transplant 이식 (수술)

　　 unrelated 혈연이 아닌

embark on 착수하다

tireless 지칠 줄 모르는, 부단한

정답_ (b)

Final Test 1

1.

해석_ 기걸 유해 폐기물C)란 많은 일반 소비재에서 폐기되는 부분을 가리킨다. 유해 폐기물 및 유해 제품은 기업에서라면 늘 볼 수 있는 것이다. 대다수 기업의 유해 제품이 화학제품이기 때문에 독성이 있거나, 부스러지거나, 폭발하거나, 불이 날 수 있다. 이러한 제품을 적절치 못하게 사용·보관·처리하면 인간의 건강과 동물 및 환경에 위협이 될 수 있다. (그러므로) 기업 소재 지역의 고형 폐기물 관리부에 유해 폐기물을 버리는 적합한 방식을 알아보아야 한다.

해설_ 전체적으로 기업 유해 폐기물에 대한 설명을 하고 있다. (d)는 '기업' 이라는 의미가 누락되어 있으므로 해당되지 않는다.

어휘_ discard 폐기하다, 버리다
corrode 부식하다

정답_ (a)

2.

해석_ 미국 최초의 고속 탄환 열차가 오늘 뉴욕을 향해 워싱턴 D.C.의 유니온 역에서 출발, 보스턴에 도착했다. 이 새 열차는 겨우 2시간 26분만에 두 지점을 연결했고, 이것은 예정보다 2분 먼저 도착한 것이다. D.C.에서 뉴욕까지의 열차 표는 이보다 30분 느린 메트로라이너보다 겨우 19달러 비싸다. 액셀라 익스프레스로 알려진 이 고속 탄환 열차가 운행되면서 이제 미국을 횡단하는 고속 탄환 열차가 더 건설되기를 바라는 마음이지만, 이것이 실패하게 되면 전체 암트랙 건설 계획도 실패하게 될 수 있다. 암트랙 관계자들은 수지 타산을 맞추기 위해서 일 년에 1억 8천만 달러의 수익을 기대하고 있다.

해설_ '새 열차', '액셀라 익스프레스로 알려진 이 고속 탄환 열차' 등의 힌트에서 답을 찾을 수 있다.

어휘_ Metro-iner 뉴욕과 워싱턴 D.C.를 잇는 고속 철도
pull in (돈을) 벌다
solvent 지불 능력이 있는

정답_ (a)

3.

해석_ 남캘리프니아 자동차 클럽은 영업 사원 수습으로 일할 직업 의식이 투철한 사람을 찾고 있습니다. 저희 영업 사원은 판매 활동을 하며 지역 사무소에서 업계 최대 회원과 보험 상품을 다룹니다. 보험 업계에서의 경력은 필수적이진 않지만 플러스 요인은 될 것입니다. 일부 야근, 주말과 공휴일에도 근무할 수 있습니다.

해설_ 빈칸 뒤에 '그러나 플러스 요인은 된다'라는 사항이 있기에 그 반대되는 말이 들어가야 한다. 만약 빈칸에 경력이 필수적이라는 말이 들어간다면 but 뒤의 말과 호응하지 않는다. 따라서 '필요하지 않다'라는 말이 적합하다.

어휘_ career-minded 직업 의식이 투철한
comprehensive 포괄적인, 넓은

정답_ (b)

4.

해석_ 제조업자들은 "새것이 더 좋다"는 태도를 조장한다. 구 모델이 고장 나자마자 새 모델을 산다면 그들은 돈을 더 많이 벌 것이다. 그들은 심지어 1번 사용하고 버리도록 되어 있는 품목도 만들어내고 있다. 종이 접시와 냅킨뿐 아니라 심지어 1회용 면도기와 카메라도 있다. 또한 수리점도 점점 드물어지고 있다. 새것을 살 수 있는데 왜 헌것을 수리해야 하는가? 그 결과 폐품 처리장은 여전히 사용할 수 있는 물품으로 가득하다. 우리는 돈을 절약해주는 재사용이나 재활용을 하지 않는다.

해설_ 빈칸 앞에는 헌것을 수리하지 않는다는 내용이고 빈칸 뒤에는 폐품 처리장에 아직 사용할 수 있는 물품이 가득하다는 내용이 있다. 즉 빈칸 앞과 빈칸 뒤가 원인·결과의 내용이 되기에 빈칸에는 결과를 나타내는 as a result가 적합하다.

어휘_ disposable 일회용의
razor 면도기
fix-it shop 수리점
junkyard 고물 집적소, 폐품 처리장

정답_ (b)

5.

해석_ 지난 겨울 한 우울하고 추운 날 저녁 일찍 애인과 나는 한 레스토랑에 갔다. 우리는 진수성찬을 즐겼는데 모든 것이 맛이 있었지만 카볼로 네로는 정말 입안에서 살살 녹을 정도로 부드러워서 나는 지금도 여전히 그 맛을 즐기고 있다고 말할 수 있다. 나는 그것을 만들기 위해 여러 번 시도했지만 (나의 가족과 나는 정말로 나의 검은 양배추 요리를 즐겼다) 그러나 그것들 중 어느 것도 수잔 고인의 것과 비슷하지 않았다. 만약 그녀가 자기의 요리법을 공유한다면 나는 정말로 고마울 것이다.

해설_ 빈칸 앞에 역접의 접속사가 있기에 빈칸에는 but 앞의 내용과 반대되는 내용, 즉 여러 번 요리를 해봤지만 수잔 고인의 것과 달랐다는 식의 내용이 들어가야 한다.

어휘_ feast 진수성찬

정답_ (d)

6.

해석_ 최근 오클랜드에서 집을 사기로 계약한 구매자들이 판매자에게 제 3자 보관으로 자금을 예치해 달라고 요구했다. 그 돈은 구매자

가 점검해보고 필요한 집수리 비용으로 쓰기 위한 것이었다. 판매자들은 그들이 요구하는 가격보다 훨씬 낮은 가격에 판매하기로 합의했기 때문에 이를 불쾌하게 받아들였다. 판매자들은 더 이상 양보할 의향이 없었다. 그래서 구매자들의 요구를 거절하면서 중개인에게 집을 다시 내놔 줄 것을 의뢰했다. 자신들이 좋은 가격에 집을 사는 것임을 알고 있던 구매자들은 하자 감사를 하지 않기로 하고 계약이 성사되었다.

해설_ 판매자들은 자신들이 요구하는 가격보다 훨씬 낮은 가격에 판매하기로 합의했기 때문에 구매자들의 제안을 불쾌하게 받아들였다.

어휘_ in escrow 제3자에게 보관되어서

in the course of ~동안에

inspection 점검, 검사

offend 성나게 하다, 불쾌하게 하다

inclined ~하고 싶어 하는

concession 양보

turn down 거절하다

contingency 임시 비용, 계약의 부대 조항

go through (협상·거래 등이) 매듭지어지다, 끝나다

정답_ (a)

7.

해석_ 동네 실내 스포츠 센터의 암벽 타기 운동이 지겨워졌는가? 그럼 중국 광시성에 있는 양슈오 마을로 신속하게 가보라. 믿을 수 없을 정도로 아름다운 굽이치는 산봉우리, 구불거리며 흐르는 강, 그리고 에메랄드 빛 논 때문에 이곳보다 나일론 로프 끝에 매달릴 만한 더 좋은 장소는 없다. 이런 이유로 양슈오 마을은 중국의 암벽 타기 중심도시로 급부상하고 있다. 어린아이들부터 시작해서 회사 단위의 그룹들에 이르기까지 지역 운영자들이 누구의 비위든 맞춰주므로 본인이 스파이더맨이 될 필요가 없다.

해설_ 양슈오 마을이 암벽 타기 장소로서 최적지가 되고 있다는 내용이기에 빈칸에는 '빠르게 떠오르는' 이 적합하다.

어휘_ fed up with ~에 싫증 난, 물린

undulate (지표 등이) 기복지다, 굽이치다

fairy-tale 믿을 수 없을 정도로 아름다운

rice paddy 논

corporate 기업

정답_ (b)

8.

해석_ 지금까지 개발된 로봇 머리 중 가장 정교한 K-봇을 만나보십시오. 디즈니사에서 일하다 이젠 텍사스-달라스 대학에서 일하고 있

는 데이빗 핸슨의 작품입니다. 인간의 특징을 가진 이 머리는 눈 뒤에 카메라가 달려 있어 당신이 움직이는 대로 따라갈 것입니다. 정교한 소프트웨어가 폴리머 스킨 속의 작은 모터들을 돌려 당신의 얼굴 표정들을 흉내낼 것입니다. K-봇은 웃고 코웃음 치며 찡그리고 곁눈질도 합니다. 이것은 24개의 기계 근육들이 단 일 초 만에 모방된 얼굴을 만들어냅니다.

해설_ 빈칸 뒤의 문장에서 로봇이 '웃고 코웃음 치며 찡그리는' 등의 행동을 한다는 것이 힌트가 된다.

어휘_ android 인간의 특징을 가진

sneer 조소하다, 비웃다

frown 눈살을 찌푸리다

squint 눈을 가늘게 뜨고 보다, 곁눈질하다

copycat 모방의

visage 얼굴, 용모

정답_ (b)

9.

해석_ 일꾼 흰개미는 작고 앞을 볼 수 없으며 날개가 없고 말랑말랑한 몸체를 가졌다. 그들은 집단의 대다수를 이루고 있으며 모든 노동을 담당한다. 병사 흰개미 역시 날개가 없고 앞을 못 보지만 일꾼 흰개미보다 덩치가 크고, 단단한 머리와 튼튼한 턱과 다리를 가졌다. 이들은 집단을 방어하며 일꾼 흰개미의 보살핌을 받는다. 생식 계급의 암수 흰개미는 암컷이 수천 개의 알을 까는 곳인 폐쇄된 방에 남아 있게 된다. 일꾼 흰개미는 알을 방에 가져다 놓고 돌본다.

해설_ 빈칸의 흰개미는 날개가 없고, 그 뒤 문장에서 '병사 흰개미 역시 날개가 없고 앞을 못 보지만 일꾼 흰개미보다 ~' 라는 내용을 보면 빈칸에는 '일꾼 흰개미' 가 들어가야 한다.

어휘_ termite 흰개미

colony 군체(群體), 집단

reproductive 생식의

정답_ (a)

10.

해석_ 하루에 다크 초콜릿 한 입 정도는 살로 가지 않고 혈압을 내리는 데 도움이 된다. 이제 다크 초콜릿 한 입은 30칼로리밖에 되지 않아서 나쁜 부작용이나 몸무게 증가 없이 혈압을 낮출 수 있을 것으로 보인다. "정기적으로 먹는 적은 양의 다크 초콜릿은 혈압을 낮추는 데 도움이 될 수 있습니다." 미국 의료 협회보에 연구를 발표한 독일 퀼른 대학 병원의 더크 타우베르트 박사는 말했다. 다크 초콜릿에는 폴리페놀이 함유되어 있는데, 폴리페놀은 건강에 좋다고 하는 화학 물질군이다.

해설_ 빈칸 뒤의 문장에서 약간의 다크 초콜릿이 혈압을 낮추는 데 도움이 된다는 내용이 반복되어 나온다.

어휘_ nibble 한 입 분량

pack on the pounds 살로 가다, 살이 찌게 하다

bite 한 입

intake 흡입, 섭취

정답_ (d)

11.

해석_ 불경기에도 불구하고 리먼 브라더스 홀딩즈사는 분기별 이익이 예상을 깨고 채권 인수와 주식 매매를 통해 벌어들인 갑자기 증가된 수익으로 27% 상승했다고 발표했다. 리먼의 최고 책임자 리처드 펠드 주니어는 자산 관리에 대한 합병 고문부터 보통주 매매에 이르기까지 많은 투자를 해왔으며 이 모든 것이 전체 수익 25% 성장의 동력이 되는 데 도움이 되었다. 이 분야의 강점이 채권 매매 수익 14% 감소의 원인이 된 미국 주택 담보 시장에서의 약점을 상쇄시키는 데 도움이 되었다.

해설_ 불경기에도 불구하고 그 와중에 수익이 상승하였기에 빈칸에는 기대를 깼다는 내용이 적합하다.

어휘_ in the face of ~에도 불구하고

bond underwriting 채권 인수

surge 급등하다, 갑자기 증대하다

equities 보통주, 주식

정답_ (d)

12.

해석_ 우주 전체를 구성하고 있는 보이지 않는 물질인 암흑 물질보다 더 이상한 것은 우주를 빠르게 확장시키는 신비한 힘인 암흑 에너지다. 훨씬 더 이상한 점은 이 암흑 에너지가 우주의 역사와 거의 함께해왔다는 최근의 발견이다. 90억 년 전 암흑 에너지는 이미 우주에 반발 작용을 미치고 있었다고 존스 홉킨스 대학 천체 물리학자 아담 리스는 설명한다. 하지만 이 반발 작용은 우주가 팽창을 시작해서 속도를 내기 시작한 50억 년 전까지는 중력의 힘을 이기지 못했다.

해설_ 빈칸 뒤에 '암흑 에너지가 우주의 역사와 거의 함께해왔다', '암흑 에너지는 이미 우주에 반발 작용을 미치고 있었다'는 등의 내용으로 보아 빈칸에는 '암흑 에너지'가 적합하다.

어휘_ cosmos 우주

wield (영향 따위를) 미치다

repulsive 반발하는

repulsion 척력, 반발 작용

정답_ (b)

13.

해석_ NASA는 캘리포니아 파사데나에 있는 제트 추진 연구소의 두 건을 포함해 미래의 달 과학 활동을 위한 제안들을 선택했다. 게다가 NASA는 우주 탐험 구상에 의한 연구를 더욱 가능하게 할 두 가지 프로그램을 새로 만들었다. 이 연구와 제안들은 계획된 대로 인간의 달 탐사를 재개하는 동안 중요한 과학 조사를 실행할 새로운 기회를 개발하기 위한 NASA의 노력의 일부이다.

해설_ 빈칸 뒤의 내용이 빈칸 앞의 내용을 부연 설명하고 있다. 따라서 빈칸에는 '게다가' 라는 뜻을 가진 in addition이 적합하다.

어휘_ exploration 탐험

investigation 조사, 연구

정답_ (d)

14.

해석_ 범죄는 중죄와 경범죄를 모두 포함한다. 중죄는 주로 일 년 이상의 구금 처벌을 받아야 하는 범죄인 반면 경범죄는 일 년 이하의 처벌을 받는 범죄를 말한다. 하지만 관습법이나 성문법에 의해 사전에 성립되지 아니한 범죄는 범죄로 구성되지 않는다. 최근 연방 운영에 특별한 충격을 주거나 국경 너머로 확대되는 활동을 다루는 연방 범죄의 리스트가 많아지고 있다.

해설_ 빈칸 앞의 문장과 상대적인 내용을 비교하고 있다. 따라서 빈칸에는 '~인 반면' 이라는 뜻을 가진 while이 적합하다.

어휘_ felony 중죄

misdemeanor 경범죄

punishable by ~의 처벌을 받아야 할

imprisonment 투옥, 구금

statute law 성문법, 제정법

common law 관습법

정답_ (d)

15.

해석_ 헬스장에 다니면서 몸이 바뀌지 않는 것을 볼 때 얼마나 짜증나는지 우리 모두 알고 있습니다. 그 모든 힘든 운동을 다 하고도 아무런 신체적인 변화도 보이지 않으면 맥이 빠지죠. 운동하면서 정말 효과를 보기 위해 당신은 무엇을 할 수 있습니까? 부적절한 식단 때문에 90%의 사람들이 자신의 원하는 결과를 보지 못합니다. 헬스장에 가는 것은 쉽지만 건강한 음식을 날이면 날마다 먹는 것은 쉽지 않습니다. 식단이 건강하고 음식 섭취가 골고루 이뤄질수록 내분비계통에 미치는 긍정적인 효과는 더 커질 것입니다.

해설_ 빈칸 주위의 내용을 보면 헬스클럽을 열심히 가지만 몸이 변

화하지 않는다는 내용이 문맥에 맞기에 빈칸에는 역접의 내용을 이끄는 접속사 but이 적합하다.

어휘_ day in and day out 날이면 날마다
endocrine system 내분비 계통

정답_ (c)

16.

해석_ 부업으로 작은 사업을 하고 있다면 그것이 네트워크 마케팅이든 목공 일이든 간에 영수증을 잊지 마십시오. 상품에 대해 논의하기 위해 식당에 들른 것, 고속도로 통행료, 사무 용품, 여기저기 이동하면서 든 마일당 운임 기록, 전화 요금 등은 소득 공제를 받을 수 있습니다. 기록을 잘 해두고 지출 비용이 아무리 작더라도 일과 관련된 지출이라고 증명할 수만 있다면 말이죠. 영수증과 기록 사항들은 커다란 봉투나 서류함에 잘 보관하셔서 연말에 회계 감사가 있을 경우 증거를 댈 수 있도록 하십시오.

해설_ 지문은 세금을 감면 받을 수 있는 방법 중 하나를 이야기해주고 있다. 사업과 관련된 지출은 면세 대상이라는 것이다. 따라서 글의 주제는 지출 내역에 신경을 쓰라는 것이다.

어휘_ on the side 부업으로
lose track of ~을 잊어버리다
tax-deductible 소득에서 공제할 수 있는
audit (회계를) 감사하다

정답_ (c)

17.

해석_ 존 F. 케네디 국제공항은 송골매 세 마리와 매 세 마리의 도움을 받아 대부분의 새들을 쫓아냈다. J.F.K. 공항은 심리전도 펼치고 있는데, 이는 매들에게 죽은 갈매기를 먹이로 주어 마치 갈매기를 잡은 것처럼 보이게 하거나 갈매기들의 위험 신호를 녹음해서 튼다. 매들은 겁만 줄 뿐이지 갈매기를 잡지는 않도록 훈련되어 있다. 2001년 6월과 10월 사이에 활주로 근처에서 60마리의 죽은 갈매기들이 발견되었는데, 아마도 이들은 엔진에 빨려 들어갔거나 아니면 엔진이 돌면서 일으킨 기류 때문에 죽은 것으로 추정된다. 매 프로그램이 실시된 2002년의 같은 기간 동안에는 그 수가 30마리로 줄었고, 비행기와 충돌한 새들은 총 189마리에서 73마리로 줄었다.

해설_ 새로운 방식은 새를 사살하지 않으면서 해결하는 환경친화적인 방식이므로 정답은 (c)가 된다.

어휘_ falcon 송골매
premise (건물이 딸린) 토지
clear off 쫓아버리다
psychological warfare 심리전

raptor 맹금(猛禽)
distress call 위험을 알리는 소리
terrorize 위협하다
falconry 매 부리는 법, 매 훈련법[술]
in force 실시[시행] 중인

정답_ (c)

18.

해석_ 영어를 손으로 쓰는 두 가지 광식이 있다. 그 첫 번째 형태는 인쇄체라고 불린다. 이것은 이 책의 글씨와 많이 닮았다. 인쇄체의 철자들은 연결되어 있지 않다. 두 번째 형태는 필기체라고 불린다. 필기체는 한쪽으로 기울어져 있다. 필기체의 철자들은 보통 연결되어 있다. 보통 인쇄체를 필기체보다 먼저 배운다. 사람들마다 정확하게 모사하기 어려운 독특한 필기체를 가지고 있다. 몇몇 사람들은 필체가 그 사람의 인격에 대해서 많은 것을 드러낸다고 믿는다. 필체로 그 사람의 성격이나 개성을 예측하는 학문 영역을 필적학이라고 한다.

해설_ 보통 인쇄체를 필기체보다 먼저 배운다는 점에서 인쇄체가 훨씬 간단한 형태의 필체라는 결론에 도달할 수 있다. 정답은 (a)이다. 명심해야 할 것은 결론을 묻는 문제는 일종의 추론 문제라는 점이다. 글에 분명히 나와 있지는 않지만 글을 읽고서 저자라면 이런 식의 결론에 도달할 것이라고 생각할 수 있는 것은 주어진 사실로부터 끌어내야 하는 것이므로 일종의 추론이 된다.

어휘_ cursive 필기체(의)
slant 기울게 하다, 경사지게 하다
graphology 필적학

정답_ (a)

19.

해석_ 불법 행위란 소송의 근거로써 법률에 의해 인정되는 민사적 부정 행위를 의미한다. 이러한 부정 행위는 피해자에 의한 주장의 근거를 구성하는 상해나 손해의 결과를 가지고 온다. 일부 불법 행위는 구속이라는 처벌도 가능한 범죄이지만 불법 행위에 대한 법의 기본 목적은 똑같은 피해를 끼치는 것을 예방하고 이미 발생된 손해에 대한 보상을 제공하는 것이다. 피해자는 불법적인 행위가 더 일어나지 않게 강제 명령 또는 금전적 손해에 대한 소송을 제기할 수 있다. 이런 종류의 손해들 중에서 피해자가 손해 배상 받을 수 있는 것들은 소득상의 손해, 고통과 괴로움, 그리고 합리적인 의료 비용이다. 이것들은 현재와 미래에 예상되는 손해를 포함한다.

해설_ 지문의 아래 부분에 근거해서 tort law에 의한 배상에 합리적인 의료 비용까지 포함된다는 것을 알 수 있다.

어휘_ tort 불법 행위

　　imprisonment 투옥, 구금

　　incur (손실을) 입다

　　deter 못하게 막다

　　sue for (~을 얻으려고) 소송을 일으키다, 고소하다

　　injunction (법원의) 금지[강제] 명령, 이행 명령

　　continuation 지속

　　tortious 불법 행위의

　　monetary 금전(상)의

정답_ (d)

20.

해석_ 한 연구자 단체는 이전에 감지된 적이 없는 형태의 물질이 지구를 통과하는 최초의 증거를 제시하는 두 개의 지진 활동을 밝혀내었다. 연구 중인 두 지진은 모두 1993년에 일어났다. 다른 과학자들은 이 두 지진이 우리가 잘 모르는 쿼크 물질에 의해 발생한 것 같지는 않지만 아직까지는 달리 설명할 방법이 없다고 조바심을 내며 말했다. 미국 프린스턴 대학 고등 연구소의 물리학자 에드워드 위튼의 이론에 의하면 이 낯선 쿼크 물질은 빅뱅 이후에 나타났을 것이라고 한다. 최초의 불덩이가 소립자인 3가지 타입의 쿼크로 만들어진 무겁고 밀도 있는 입자들을 만들어냈을 것이다.

해설_ 다른 과학자들은 이 두 지진이 우리가 잘 모르는 쿼크 물질에 의해 발생되지 않았을 것이라 주장하며 쿼크 물질과 지진의 관계를 부정하고 있다.

어휘_ seismic 지진의

　　under study 연구 중인

　　tantalize 애태우게 하다

　　primordial 최초의

　　fundamental particle 소립자

정답_ (d)

21.

해석_ 만약 거대 바위가 우리 쪽으로 향하고 있다면 우린 알고 있어야 할까? 과학자들은 덴버에서 가진 AAAS 연례 회의에서 이 문제를 가지고 격론을 벌였다. 일부는 임박한 종말에 관해 전 세계를 걱정시킬 이유가 없다고 제안했다. 랜드사에서 지구 최후에 대해 정치인들이 어떻게 대응해야 하는가에 대한 연구를 하고 있는 제프리 소머는 "만약 우리가 그것을 막을 수도, 사람들을 이주시킬 수도 없고 아무것도 할 수 없다면 공황 상태나 과잉 반응으로 인한 사회 문제를 일으킬 까닭이 없다"고 주장한다 "만약 종말을 야기시키는 충격을 피할 수 없다면 차라리 모르는 게 사람들에게 축복일 것이다."

해설_ 윗글의 하단에 '만약 종말을 야기시키는 충격을 피할 수 없다면 차라리 모르는 것이 사람들에게 축복일 것이다' 라는 내용이 힌트가 된다.

어휘_ there is no point -ing ~할 이유가 없다

　　imminent 임박한

　　demise 종말

　　intercept 저지하다, 차단하다

　　doomsday 지구 최후의 날

정답_ (d)

22.

해석_ 환경 보존 운동이 주류가 되어버린 것을 어떻게 알고 있는가? 오염 산업의 일부 리더들이 그린 카드를 꺼내기 시작하는 때다. 석유 산업을 보자. 코노코필립스, 쉘 그리고 BP 아메리카 같은 거대 기업들이 한때 상상할 수도 없었던 일을 했다. 그들이 온실가스 배출 감소를 요구하는 연방 법안의 요구에 따르기로 한 것이다. 천연자원 보존 협회 기후 센터의 책임자인 데이빗 호킨스는 먼저 2년 전 미국 기업의 환경에 대한 태도 변화를 주지했다. 그는 그 원인이 기업들이 환경을 주시해야 한다는 강한 압력 때문이라 한다.

해설_ 그들이 온실가스 배출 감소를 요구하는 연방 법안의 요구에 따르기로 한 것이 한때는 상상할 수도 없었던 일이었다는 것으로 보아 오염 산업의 기업들이 예전에는 환경 문제에 관심이 없었다는 것을 알 수 있다.

어휘_ environmentalism 환경 보호주의

　　greenhouse gas emission 온실가스 배출

　　intense 강력한

정답_ (c)

23.

해석_ 혼란을 겪지 않고 가전제품을 싸게 구매할 방법을 찾고 계십니까? 린우드에 있는 메이태그 가전제품 스토어를 방문하세요. 가게는 깨끗하고 가전제품들이 잘 보관되어 있으며 제품에 대해 잘 아는 판매 도우미들이 많이 있습니다. 그리고 가격 또한 매우 쌉니다. 저희는 가전제품—냉장고, 스토브, 오븐, 식기 세척기, 와인 쿨러와 같은 미식가들의 주방 용품, 야외 조리 시설 그리고 더 많은 것 —에 있어 시애틀 지역 공급원입니다.

해설_ 메이태그 스토어는 냉장고, 스토브, 오븐, 식기 세척기, 와인 쿨러와 같은 미식가들의 주방 용품, 야외 조리 시설 등의 가전제품을 파는 곳이다.

어휘_ hassle 혼란, 골치 아픈 것

정답_ (d)

24.

해석_ 구글이 마침내 지도에 세계의 대양을 기재했다. 캘리포니아 과학 학회에서의 화려한 발표 중에 그 인터넷 대 업체는 어느 누구나 검색할 수 있는 지구의 인터넷 복사본인 구글 어스의 새로운 바다 모습을 공개했다. 3년 전 저명한 해양 과학자 실비아 얼은 구글 어스의 개발에 도움을 준 존 한케에게 자신은 구글 어스가 사람들이 지구를 알게 도와주는 방식을 좋아한다고 말했다. 그러나 그녀는 구글이 지구의 2/3를 간과했다고 지적했다.

해설_ 땅은 지구의 1/3을 차지한다고 한다. 그렇다면 지구의 2/3이라면 곧 윗글의 첫 부분에 언급했던 대양을 말한다.

어휘_ splashy 화려한

정답_ (c)

25.

해석_ 오늘날 많은 사람들은 그들이 버리는 것에 대해 좀 더 신중하게 생각하고 있으며, 많은 것들이 회수되어 재사용되고 있다. 예를 들어 매년 460억 개의 유리병이 생산된다. 그 병들은 15개당 하나꼴로 재사용될 것이다. 모든 알루미늄 캔의 거의 50%가량이 재활용된 알루미늄을 이용한 것이다.

해설_ 매년 생산되는 460억 개의 유리병에서 1/15만이 재사용된다고 하였으니 460억 × 1/15 = 30,666...억, 즉 3 billion이 된다.

어휘_ in (비율·정도를 나타내어) ~마다, ~당

정답_ (b)

26.

해석_ 본 발명의 한 구체물에서 레이저 프린터는 보통 일직선으로 탑재되어 있는 3개의 다이오드 레이저로 구성되어 있다. 각 레이저는 서로 다른 파장으로 빛을 발산하며 각 레이저 빔은 주요 색들 중에서 하나를 대표하는 이미지 신호에 따라 조절된다. 각 레이저 빔은 기재 면에 광선을 모으는 실린더 렌즈를 통과하고, 실린더 렌즈를 통과한 후 2개의 2색 판에 의해 겹쳐져 결합된 하나의 광선을 이룬다.

해설_ 마지막 문장에서 the beams are superimposed by 이하가 힌트가 된다.

어휘_ embodiment 구현, 구체물

comprise ~으로 이루어지다

mount 탑재하다, 설치하다

emit 내뿜다, 발하다

wavelength 파장

modulate 조절[조정]하다, 바꾸다

cylindrical 원통 모양의

in accordance with ~에 따라, ~대로

superimpose 포개다

dichroic 2가지 색을 띠는

정답_ (d)

27.

해석_ 만약에 동물 보호소에 돈을 쓰기 싫다면 다른 선택도 있습니다. 일을 하는 것인데 당신의 집을 깨끗하게 유지하는 겁니다. 매일 아니면 이틀에 한 번은 청소하십시오. 애완동물의 털로 가득한 집은 애완동물을 키우지 않는 사람들에게는 (집에 대한) 흥미를 잃게 하는 큰 이유가 될 수 있습니다. 진공청소기로 청소할 때는 카페트의 구석과 가장자리를 주의해서 청소하세요. 눈에 거슬리는 동물의 털이 이런 곳에 쌓여 있을 수 있고 일반 청소기로는 잘 흡입되지 않을 수도 있으니까요. 찍찍이 롤러는 진공청소기로 청소하기 어려운 옷장이나 다른 장소에 쓰기 편리합니다.

해설_ 이 글을 쓴 사람은 물건을 파는 외판원이나 판매인이 아닌 부동산의 가치를 떨어뜨리지 않는 방법을 소개하는 real estate agent(부동산 중개인)이다.

어휘_ fortune 큰 돈

turnoff 흥미를 잃게 하는 것

unsightly 보기 흉한, 눈에 거슬리는

build up 축적되다

come in handy 편리하다, 쓸모가 있다

정답_ (c)

28.

해석_ 1700년대에 펜실베니아 주와 메릴랜드 주 사이에 경계선 분쟁이 일어났다. 1763년에 두 주는 두 명의 영국 천문학자 찰스 메이슨과 예레미아 딕슨을 초빙했고, 이들은 1767년에 조사를 마쳤다. 그 조사자들은 경계를 표시하는 이정표를 세웠다. 해를 거듭하면서, 때때로 경계선의 정확한 위치에 대한 분쟁이 일어나는 때도 있었다. 하지만 1849년과 1900년에 이루어진 조사는 메이슨과 딕슨이 결정한 선에 중요한 오류는 없는 것으로 판명되었다. 1960년대에 이루어진 조사로 선의 위치가 약간 달라졌는데 그것이 현재의 위치인 북위 39도 43분 19.521초이다.

해설_ 1960년대에 이루어진 조사로 선의 위치가 약간 달라졌다고 하였으므로 (d)가 타당하다. 참고로 (c)는 경계선의 변경에 의해서 모든(all the) 경계 표지가 변한 것은 아니다.

어휘_ call in 불러들이다, 초대하다

as to ~에 관하여

north latitude 북위

정답_ (d)

29.

해석_ 이곳 에버클리어 지역 병원은 환자와 의사의 유대가 돈독한 곳입니다. 우리는 모든 직원에게 친절하고 예의 바르게 대할 것과 가족과 같은 최상의 보살핌으로 환자 여러분을 치료하도록 하고 있습니다. 하지만 우리는 문제가 발생할 수 있다는 것을 십분 이해하고 있으며 그래서 '환자 권리 규정'을 병원의 모든 방에 붙여 놓은 것입니다. 질문이 있으시면 가까이에 있는 복지사들에게 여쭤보십시오. 여러분의 질문에 답해 드릴 것입니다.

해설_ 환자 권리 규정을 붙여두었다든지, 복지사들에게 물어보면 대답해줄 것이라는 서술에서 권리에 대해 알 권리가 환자들에게 있다는 추론이 가능하다.

어휘_ courteous 예의 바른, 정중한
bill of rights 권리 규정
social worker 사회 복지사

정답_ (c)

30.

해석_ 모헨조다로는 가장 규모가 큰 부락 중 하나로 200에이커 이상을 차지하고 있었다. 또 다른 대도시인 하라파는 주민이 20,000명이나 되었다. 인더스 문명은 두 가지 단계를 거쳤다. 초기 문명은 모헨조다로와 하라파로 대표되는 대규모 촌락을 가지고 있었고, 후기 인더스 문화는 소규모 농촌이었다. 후기 인더스 문명의 공예품은 초기 문명의 공예품과 비슷하지단 보다 지역적인 특색을 가지고 있다. 초기 문명은 계곡의 자연환경 변화로 인해 방치되어 쇠퇴했다고 한다.

해설_ 초기 문명 때 모헨조다로와 하라파가 있었다고 하였다.

어휘_ settlement 촌락, 부락
diversification 다양성
ecological 생태적인, 환경의
fade into obscurity 쇠퇴하다

정답_ (c)

31.

해석_ 근대 언어학의 선구자는 페르디낭 드 소쉬르이다. 소쉬르의 업적은 20세기에 언어학의 혁명적인 변화를 이끌었다는 것이다. 아마 가장 중요한 변화는 노엄 촘스키의 업적일 것이다. 촘스키는 인간은 자신의 인격 형성기에 언어 고유의 규칙을 습득한다고 믿었다. 언어학 본연의 심대한 변화와 함께 이 학문 체계는 여러 가지 파생 분야를 만들어냈다. 이 파생 분야에는 언어와 사회를 연구하는 사회 언어학, 언어와 심리 형성을 연구하는 심리 언어학, 그리고 컴퓨터에 의한 언어의 조작을 연구하는 컴퓨터 언어학이 있다.

해설_ 마지막 행 다음에 글이 이어져야 하므로 '언어학의 파생 분야'라는 보기가 타당하다.

어휘_ linguistics 언어학
forefather 선구자
transformation 변화, 변천
one's formative years 인격의 형성기
proper 본래의, 진정한
subdiscipline (어떤) 학문 분야의 하위 구분
manipulation 조작

정답_ (b)

32.

해석_ 전국 인구 조사는 연방 정부의 미국인들의 생활 형태를 통치하고자 하는 증가하는 갈증을 해소하기 위해서 확대되어 왔다. 새로운 조사가 수천만 달러를 들여서 매년 행해진다. 그리고 그것은 그렇게 간단하지만은 않다. 정부와는 아무 관계 없는 직업, 수입, 육체적·정신적 건강, 가족 관계, 사는 곳과 은밀한 개인적 습관에 관한 주제넘는 질문이 24쪽에 걸쳐 포함되어 있다. 이런 질문들은 어이없기도 하고 모욕적이다. 알맹이 없는 질문과 재정에 관한 아주 상세한 질문을 섞어가며 조사는 계속해서 이어진다.

해설_ 윗글은 비용이 많이 들고 사생활을 침해하는 전국 인구 조사의 문제점을 비판하는 글이다.

어휘_ census 인구 조사
quench (갈증 등을) 가시게 하다
bureaucracy 관료 제도, 관료 절차
intrusive 주제넘게 참견하는
ludicrous 어이없는
inane 거짓의, 알맹이 없는

정답_ (c)

33.

해석_ 막힌 주방 배수구를 뚫는 최고의 해결책은 '배관공의 비밀'이라 부르는 것입니다. 화학 약품이 아니라 압축 공기를 파이프로 불어넣어서 막힌 것을 파이프에서 밀어버리는 도구입니다. 이 일을 할 때는 걸레 같은 것으로 다른 쪽 배수구를 막아 놔야 되는데 안 그러면 더러운 것들이 뿜어져 나올 것입니다. 만약에 배수관에 다량의 화학 제품을 이미 부어 넣었다면 특히 위험할 수도 있습니다. '배관공의 비밀'은 정말 잘 듣습니다. 그리고 잠깐 동안만 괜찮은 게 아니라 문제를 사실상 해결해줍니다.

해설_ 윗글은 막힌 배수구를 뚫어주는 도구를 광고하는 글이다.

어휘_ clog (파이프 등을) 막히게 하다

rag 천 조각, 누더기

drain 배수(관), 하수구

a bunch of 많은, 다량의

정답_ (b)

34.

해석_ 자이언트 팬더는 평소에는 대나무 숲에서 혼자 살아간다. 자이언트 팬더의 주식은 대나무이다. 보통 팬더는 하루 30-60파운드의 대나무 잎, 줄기, 그리고 싹을 먹으며 하루 10-12시간 동안 먹는다. 하지만 동물원의 팬더들은 시리얼, 우유, 채소 등을 먹고 살아갈 수 있다. 자이언트 팬더 암컷은 1-2마리의 새끼를 낳는다. 갓 태어난 팬더의 체중은 약 4온스이다. 앞을 보지 못하고 숱이 적은 털가죽을 지니고 있다. 5개월째 되면 대나무를 먹기 시작하고 18개월 후면 독립한다.

해설_ 전체적으로 팬더에 대해서 자세히 설명해주는 글이므로 정답은 (d)이다.

어휘_ shoot 새싹

sparse 숱이 적은

정답_ (d)

35.

해석_ 현재 야간 경기를 관람하고 있는 수많은 관중들, 휘황찬란한 불빛 아래서의 볼거리, 경이로울 정도로 정신없이 돌아가는 회전문, 이것들이 야간 경기의 횟수를 줄이기보다는 오히려 늘려야 하는 충분한 이유가 된다. 하지만 이렇게 명백한 성공에도 불구하고 야구에 관한 깊은 통찰력과 풍부한 경험을 가진 몇몇 전문가들은 아직도 이러한 놀라운 성과들을 인정하고 있지 않다. 이들은 여전히 주간 경기를 선호하기 때문에 더 많은 야간 경기를 못미더워하며 본다. 이런 사람들은 그저 고집스러운 것일 수 있다.

해설_ all these seem sufficient evidence that what is needed is not less night ball, but more에서 비교적 낙관적인 견해를 읽을 수 있다.

어휘_ brilliance 광택, 휘황찬란

turnstile 회전문

shrewd 예리한, 통찰력 있는

obstinate 완고한, 고집 센

정답_ (d)

36.

해석_ 부모로서 당신은 이제 당신의 아이에게 적당한 소아마비 예방 접종 일정을 선택하는 데 도움이 될 독특한 기회를 갖게 되었습니다. 당신의 참여는 예방 접종의 종류를 선택하는 데 대단히 중요한 요소입니다. 의사는 당신과 함께 이러한 선택에 관하여 상담한 후, 적당한 것을 당신에게 결정해줄 것입니다. 귀하가 이 소책자에서 배운 대로 eIPV와 OPV는 둘 다 당신의 자녀들을 소아마비로부터 보호하는 데 효과가 있습니다. 그러나 OPV가 야생형 소아마비를 제거하는 데 많은 역할을 하는 반면, 예방 접종과 관련한 마비성 소아마비에 대해서는 우려가 여전히 있습니다. 그것이 바로 어떤 예방 접종의 선택이 귀하의 아이와 가족에게 좋은지 의사에게 물어보는 것이 중요한 이유입니다.

해설_ 윗글은 자녀에게 해줄 예방 접종의 선택에 있어 부모의 역할에 관한 내용이다.

어휘_ polio 소아마비

vaccination 예방 접종

booklet 소책자

paralytic 마비성의

정답_ (b)

37.

해석_ 최초의 대중적인 인공 언어는 볼라픽이라고 하는 것이었다. 1886년 독일인 성직자에 의해 창안된 볼라픽은 빠르게 대중의 인기를 얻었다. 이 언어의 창안자인 요한 슐레이어 신부는 라틴어 어근을 차용하여 그 철자와 구조를 약간 변형하여 생소한 발음과 표음 규칙에 맞추었고 이것들을 복잡한 독일어 문법 체계와 결합시켰으며 임의로 접사를 첨가했다. 볼라픽의 쇠락은 명백하고도 빨랐다. 쇠락의 이유는 두 가지였는데, 볼라픽에 대한 논쟁과 에스페란토 어의 부상이었다. 볼라픽은 문자 체계로서는 유용하다. 그러나 말은 별개의 문제여서 볼라픽으로 하는 말을 이해하기는 더욱 어려웠다.

해설_ 볼라픽의 단점과 쇠락하게 된 원인을 함께 언급하고 있다.

어휘_ phonetic 음성(상)의, 음성 표기의

arbitrary 임의적인

affix 접사(接辭)

정답_ (a)

38.

해석_ 사람들은 여러 가지 이유로 외국어를 배우려고 마음먹는 것 같다. (a) 새로운 언어를 배우는 것은 필연적으로 지적인 경험을 넓혀주게 된다. (b) 어떤 공적인 시험의 필수 조건을 채우거나 해외로 떠

나는 휴가에서 훨씬 더 큰 재미와 즐거움을 얻으려는 직접적인 목적으로 배우는 사람도 있다. (c) 사업하는 사람은 직접 또는 간접으로 해외의 통신문을 취급하지 않으면 안 될 것이다. (d) 또한 연구에 종사하는 사람은 자기가 하는 연구 분야에서 이루어진 새로운 업적에 관한 기사가 외국 잡지에 발표되면 번역자를 기다리지 않고 그것을 재빨리 읽을 수 있는 중요성을 깨닫고 있는지도 모른다.

해설_ 윗글은 외국어를 배우는 목적에 관한 글이다. (a)를 제외한 나머지는 그 목적에 대해 서술하고 있다.

어휘_ correspondence 통신문, 편지, 문서
account 보고, 기사

정답_ (a)

39.

해석_ 10년이 지나고 10만 마일을 타고 나니 내가 아끼는 차를 바꿀 때가 왔었다. (a) 난 항상 좋은 거래를 하기 위해 헤매고 다녔기 때문에 인증 중고차(CPO)를 사는 걸 검토해 보라고 내 친구가 권유했다. (b) 나는 새 자동차가 가치를 빠르게 잃어버리는 엄청난 감가 상각비를 피할 수 없었다. (c) 그래서 알아보았는데 내가 알아낸 것은 날 흥분시켰다. (d) CPO 차량을 구매하면 중고차 구입의 모든 재정상의 혜택을 받을 수 있다는 걸 알게 되었다.

해설_ 윗글은 중고차를 사면서도 손해를 보지 않게 되었다는 내용을 다루고 있다.

어휘_ on the prowl 배회하며, 몰래 찾아다녀
deflect 빗나가게 하다
a chunk of 상당한 양[액수]의
depreciation cost 감가 상각비

정답_ (b)

40.

해석_ 1996년 화성 탐사선이 지구를 떠날 때 엔지니어들은 2억 2천만 불짜리 우주선에 화성 시간으로 약 1년의 예상 수명을 부여해주었다. (a) 실제로 그 탐사선은 10년 동안 거의 흠집 하나 없이 활동했다. (b) 그리고 어떤 일에 의해서인지 작년 11월에 중요한 몇 개의 명령을 수행하면서 작동되지 않았다. (c) 나사가 그 탐사선으로부터 소식을 들을 수 있는 충분한 희망이 있다. (d) 프로젝트 매니저 톰 쏘프는 그 오류로 우주선의 민감한 퍼널이 태양에 노출되어 배터리가 타버렸을 것이라 말한다.

해설_ 배터리가 불타 고장 난 우주선으로부터 어떤 응답을 들을 수 있는 가능성은 희박할 것이다. (c)는 윗글의 주요 내용과 다르다.

어휘_ soldier on 꾸준히 일하다
misfire 점화되지 않다

정답_ (c)

Final Test 2

1.

해석_ 불법 행위는 보통 세 가지 카테고리로 나뉘어진다. 의도적 불법 행위와 과실에 의한 불법 행위, 그리고 엄격한 책임을 동반하는 불법 행위이다. 의도적 불법 행위는 피고가 알고 있거나 알고 있었어야 하는 불법 행위가 그들이 하거나 하지 않음으로 인해 발생하는 것이다. 과실에 의한 불법 행위는 피고의 행위가 비합리적으로 안전하지 못해서 발생한 때 나타난다. 엄격한 책임을 동반하는 불법 행위는 피고의 신중함의 정도에 의하지 않고 특별한 행위가 손해를 발생시켰을 때 설립된다. 불법 행위법은 주법으로 의회(성문법)와 판사(판례, 관습법)에 의해서 만들어진다.

해설_ 3가지 불법 행위에는 의도적 불법 행위와 엄격한 책임을 동반하는 불법 행위 외에 과실에 의한 불법 행위가 있다.

어휘_ tort 불법 행위
liability 책임, 의무
inaction 하지 않음
common law 관습법
statutory law 성문법, 제정법

정답_ (d)

2.

해석_ 1971년 8월 사회 심리학자 필립 짐바르도는 스탠포드 대학에서 악명 높은 실험을 했다. 그 실험 결과 중 하나의 결과가 인간의 어두운 면을 드러냈기 때문에 아직도 몸서리를 치게 한다. 짐바르도는 《악마 효과: 어떻게 좋은 사람이 악마로 변하는가에 대한 이해》에서 영화처럼 상세하게 스탠포드 감옥 실험을 상기시킨다. 우리는 중산층의 한 괜찮은 젊은 남자가 가학적으로 변하는 것을 본다. 그 실험은 인성 파괴적인 힘으로 인해 앞당겨 종결되었다. 이들 사건은 짐바르도가 폭력, 고문 그리고 테러를 포함해서 악의 심리학에 몰두하게 만들어 그의 나머지 경력을 형성했다.

해설_ 빈칸 뒤에 좋은 사람이 어떻게 악마로 변하는가에 대한 실험을 언급하고 있으므로 이를 표현할 수 있는 (c)가 적절하다.

어휘_ send a shudder down the spine 온몸을 전율케 하다
torture 고문
lucifer 악마, 사탄

정답_ (c)

3.

해석_ 당신은 타이타닉 2호에 타고 있다. 이 배는 막 빙산에 부딪쳐서 가라앉고 있다. 그리고 마지막 순간, 배에는 구명정이 충분치 않다. 선장이 소리친다. "여자들과 아이들 먼저!" 하지만 이때, 다른 목소리가 들린다. "왜 여자들이야?" 정말 왜 그럴까? 진화 심리학자들

은 여자들이 없어서는 안 될 후손 생소·자들이라는 이유로 이들을 구명정으로 보내는 것이 종을 영속시키기 위해 발달된 본능이라고 말할지도 모르겠다. 여자들이 살아남을 경우 남자는 몇 명만 있으면 마을을 다시 만들 수 있지만, 남자들이 살아남고 여자들이 몇 명 없다면 마을은 다시 만들 수 없다. 하지만 이런 식의 논리에 있어 문제점은 널리 퍼져 있는 편견이다.

해설_ 빈칸의 앞뒤 내용이 상반되게 역접의 접속사가 들어가야 한다.

어휘_ perpetuate 영속시키다, 끊기지 않게 하다
indispensable 없어서는 안 되는
repopulate ~에 다시 사람을 살게 하다

정답_ (b)

4.

해석_ 타이의 가요와 민속 문화에 대한 독특한 가이드북 《베리 타이》가 반세기 이상 동안 국가 정체성에 대한 가장 큰 논쟁과 동시에 출간되었다. 2차 대전 당시, 피분송크람 군사 정부는 "타이 인을 위한 타이"라는 슬로건 아래 모였다. 오늘날 타이는 다시 국수주의의 최면에 걸린 듯하다. 교육부는 국기를 더 잘 보이는 곳에 설치하고 국가를 더 크게 틀라고 학교와 대학에 명령하였다. '타이다움'이 또다시 유용한 정치 개념이 되었다.

해설_ 윗글은 타이의 국수주의로의 회귀를 비판하는 글로 '타이 인을 위한 타이'는 곧 국수주의를 뜻한다.

어휘_ coincide 동시에 일어나다, 일치하다
regime 정부, 정권
rally 집합하다, 단결하다
mesmerize ~에게 최면술을 걸다
prominently 눈에 띄게
national anthem 국가(國歌)

정답_ (c)

5.

해석_ 일본의 분자 생물학자들은 아인슈타인의 방정식 $E=mc^2$을 박테리아 바실러스 서브틸리스의 DNA에 대입함으로써 자신들의 주장을 뒷받침했다. 게이오 더학 고등 생명 과학 연구소의 분자 생물학자인 요시아키 오하시는 자외선, 탈수, 산소 및 영양 결핍, 유기용제에 저항력이 있는 포자를 생성하는 무해한 토양 박테리아인 내구력 강한 바실러스 서브틸리스를 연구하기로 했다. 그는 상대성 방정식을 택했다. 왜냐하면 20세기의 가장 중요한 유산 중 하나이기 때문이라고 말하면서도 아이슈타인 박사의 광적인 신봉자는 아니라고 덧붙였다.

해설_ 빈칸 앞에 although라는 접속사가 있기에 그 접속사 앞과 상반되는 내용이 빈칸에 들어갈 것을 추측할 수 있다.

어휘_ molecular biologist 분자 생물학자

equation 방정식

hardy 내구력이 강한

spore (균류(菌類)·식물의) 포자(胞子), 아포(芽胞)

dehydration 탈수

starvation 결핍

solvent 용제

legacy 유산, 유물

정답_ (a)

6.

해석_ 오늘날 사람들은 신분 도용에 대해 매우 지나치게 반응하는데, 거기에는 그럴 만한 이유가 있다. 컴퓨터 해킹, 부정직한 판매인 매수하기, 쓰레기통 뒤지기, 그리고 메일 도용 등의 수법은 사회 보장 번호와 신용 카드 신청서 절도범들에게 금광임이 밝혀졌다. 그래서 문서 분쇄기를 구입하거나 사서함을 갖게 되는 좋은 이유가 된다. 우리는 자신의 사생활을 지키는 데 신경을 써야 한다. 신분 도용은 해결되기까지 몇 달에서 몇 년까지도 걸릴 수 있기 때문이다!

해설_ 문맥상 도난된 개인 정보 문제를 '해결하는 데' 시간이 많이 걸린다는 내용이므로 (b) straighten out(해결하다)이 답이 될 수 있다.

어휘_ identity theft 신분 도용

paranoid about ~에 대해 편집증적인

tactics 수법

pay off 매수하다

dumpster diving 쓰레기통 뒤지기

turn up ~임이 판명되다

shredder 문서 분쇄기

post office box 사서함

정답_ (b)

7.

해석_ 지질학자들은 그 화산의 활동을 감시하기 위해 지진계, 열 감지기, 화학 물질 감지기, 비디오 카메라, 기타 장비를 설치할 계획입니다. 그리고 나서 그들은 이 장비로부터 전자로 정보를 받을 수 있도록 관측소와 본토 사이에 전기 케이블을 설치할 것입니다. 지질학자들은 이 계획에 대해 매우 흥분해 있고 여러분도 그러기를 바랍니다. 이 계획은 우리가 지금까지 수업 시간에 화산에 관해 연구해온 내용과 많은 연관이 있으므로 오늘 밤에 그 프로그램을 보고, 내일

그것에 관해 토론할 준비를 하십시오.

해설_ 빈칸 앞뒤 문장이 순접 관계이므로 빈칸에는 then이 적합하다.

어휘_ seismometer 지진계

hook up 연결하다

observatory 관측소

정답_ (d)

8.

해석_ 출장 여행에는 자신의 차를 운전하면서 도로가의 싼 모텔에서 하룻밤 자고 가는 자동차 여행에서부터 비행기 1등석을 타고 여행자들을 극진히 대접하는 서비스 직원을 두고 맛있는 음식을 풍부하게 제공하는 호텔에서 숙박하는 여행에 이르기까지 다양한 종류가 있다. 그러나 가장 호화로운 출장 여행을 하는 사람들도 그 힘든 일이 지겨워질 수 있다. 한편 이 모든 것을 보고 해본 베테랑들은 도로 위에서 보내는 숨가쁜 생활에 대해서는 지겨워하며 가족이 있는 집으로 돌아가기만 고대한다.

해설_ 빈칸 앞 문장과 뒤 문장이 서로 역접의 내용이다.

어휘_ budget (값이) 싼

pamper ~의 욕망을 한껏 채워주다

goody 맛있는 것

beneficiary 수혜자

weary of 싫증이 난, 지긋지긋한

grind 힘들고 지루한 일

jaded 지겨운, 넌더리나는

정답_ (d)

9.

해석_ 태양이 눈에 보이는 모든 색깔의 빛을 발산해도 우리 대기의 산소와 오존이 초록색과 파란색의 일부를 흡수해서 지표면에 도착할 때까지 더욱 적색을 띠는 색으로 남겨지게 된다. 너무나 많은 적색 빛이 여기저기 반사해서 식물은 적색과 또한 파란색 빛을 효과적으로 흡수하기 위해 엽록소를 방출한다. "광합성은 광자의 수에 의해 제한되며 어떤 다른 색보다 지구에 도달하는 적색 빛에 더 많은 광자가 존재한다"고 나사 고다드 우주 연구소의 우주 생물학자 낸시 키앙은 말한다. 엽록소는 모든 색을 흡수할 수는 없으며 대부분의 녹색 광자나 빛 다발을 반사시키고 이렇게 반사된 광자들은 잎이 그들의 색(녹색)을 띠게 한다.

해설_ 태양은 모든 색의 빛을 발산한다. 하지만 그럼에도 불구하고 지표면에서는 적색을 띤다는 내용으로 보아 빈칸에는 양보 내지는 역접의 접속사가 들어가야 한다.

어휘_ evolve 방출하다

chlorophyll 엽록소

photosynthesis 광합성

photon 광양자(光量子), 광자(光子)

astrobiologist 우주 생물학자

hue 색, 색조

정답_ (c)

10.

해석_ 알프레드 노벨이 유언에서 표현한 바램을 실행하기 위해 20세기 초에 시작된 노벨 재단의 발족은 상당한 법적 어려움이 있었다. 그러나 그것들이 일단 해결되자 수상자 선정을 위한 복잡한 정리는 잘 진행되었다. 수년 동안 노벨상 수상은 몇 개 수상 분야에서 국제적으로 가장 높이 인정받는 것으로 간주되었다.

해설_ 문맥상 노벨이 표현한 바램을 실행한다는 의미가 적합하다.

어휘_ considerable 상당한

resolve 해결하다

recognition 인정

정답_ (a)

11.

해석_ 인간의 삶과 행위의 수준을 높이는 데 있어 큰 힘은 종교이다. 종교는 도덕과 윤리와 다른가? 어떤 면에서는 아니다. 다른 면에서는 그러하다. 종교는 도덕과 윤리처럼 우리가 행동하는 방식을 선택하고 결정하는 것과 관계가 있다. 그러나 종교는 기본적으로 인간이 신성하거나 초자연적인 존재와 좋은 관계를 맺기 위해 노력하는 방식이다.

해설_ 빈칸을 품고 있는 문장 앞에 But이 있는데, 그 앞 문장에서 종교는 우리 실생활과 관련되어 있다고 하였다. 따라서 But 뒤에는 그 반대의 것, 즉 신성하거나 초자연적인 것이 들어가야 한다.

어휘_ morality 도덕

ethics 윤리

come into good relations with ~와 좋은 관계를 맺다

정답_ (d)

12.

해석_ 그래도 인간의 진보에 더 중요한 것은 불을 만들고 유지하는 방법의 발견이다. 우리는 인간이 결국 불을 인공적으로 만드는 법을 배웠다는 것을 알고 있는데, 아마도 그것은 부싯돌에 쇠를 부딪쳐서 건조한 잎사귀나 이끼 더미에 불꽃을 떨어뜨려서였을 것이다. 어쨌든 불 사용의 발견으로 인간은 날것을 먹지 않고 음식을 요리하고 밤

에 야수로부터 자신을 보호할 수 있게 되었다.

해설_ 빈칸 뒤의 내용은 빈칸 앞 문장을 받아 부연 설명하는 내용이다.

어휘_ iron ore 철광석

flint 부싯돌

정답_ (c)

13.

해석_ 이것은 건전한 도덕성이지만 소설가에게는 좋지 못한 정신상태이다. 이 도덕 문제는 책 전반에 걸쳐 호손을 사로잡은 것처럼 보였다. 그리고 우리 역시 흥미롭긴 했지만 관찰의 도덕적 중요성을 시험하는 대신에 그가 자신이 볼 수 있는 것을 관찰자가 보게 해주었다면 더 좋은 소설을 썼을 것이라는 생각을 하지 않을 수 없다. 그리하여 《블라이드데일 로맨스》에서 호손은 그의 도덕관이 가져온 딜레마에 직면한다.

해설_ 빈칸 뒤의 문장에서 앞 내용의 결론을 이야기하고 있다. 따라서 빈칸에는 접속사 thus가 적합하다.

어휘_ preoccupy 마음을 빼앗다, 몰두하게 하다

confront 직면하다

정답_ (b)

14.

해석_ 미국인들은 때때로 경제 지원을 철수하고 정권을 인정하지 않는 것으로 충분하다고 생각한다. 이러한 제스처는 우릴 기분 좋게 하지만 그것들이 항상 옳게 작용하는 것은 아니다. 미국인들이 훨씬 더 하고 싶지 않은 것은 민주주의 고취에 필요한 어렵고 비용이 많이 드는 호의적인 행동이다. 지역 반대 그룹과의 신중한 개입, 막후의 외교적 조치 그리고 때때로 군사적 압력들이 그러한 것들이다.

해설_ 빈칸 뒤의 예들은 모두 상대적으로 어렵고 비용이 많이 드는 것이다.

어휘_ regime 정부, 정권

behind-the-scenes 은밀한, 배후의

maneuver 책략

정답_ (b)

15.

해석_ 사람을 살리는 가장 효과적인 방법은 구강 대 구강 호흡법이다. 먼저 희생자를 똑바로 뉘어라. 입안에 이물질이 있는지 확인해라. 두 번째로 한 손은 이마에, 한 손은 목 아래에 두어 턱이 위로 향하도록 머리를 뒤로 밀어줘라. 세 번째로 귀 바로 밑의 턱 귀퉁이를 눌러줘라. 이것은 목구멍 뒤쪽에서 혀가 움직이도록 해줄 것이다 (주:

기도를 열리게 해준다는 것). 네 번째로 콧구멍을 꼭 집어 막은 후에 당신의 입을 희생자의 입에 대라. 다섯 번째로 그의 입안으로 공기를 불어 넣어라. 그의 가슴이 올라와야 한다. 여섯 번째로 그가 호흡할 수 있도록 당신의 입을 치워라. 이런 과정을 일 분에 12번에서 14번 가량 반복해라.

해설_ 물에서 사람을 구조한 후에 행하는 구강 대 구강 소생술에 대해서 그 방법을 상세히 소개하고 있으므로 정답은 (d)이다.

어휘_ pinch 꼬집다, 집다
nostril 콧구멍
exhale 숨을 내쉬다

정답_ (d)

16.

해석_ 뉴욕 시에는 리버티 섬이라 불리는 작은 섬이 있다. liberty는 물론 자유를 의미하고, 자유의 여신상은 미국이 영국으로부터 독립한 100주년을 기념하기 위해서 보내졌다. 그 조각상은 프랑스에서 만들어져서 일부씩 분해되어 보내온 다음, 미국에서 다시 만들었다. 자유의 여신상은 1886년 10월 28일에 대중에게 공개되었다. 당신이 예상하는 것처럼 그 조각상은 굉장히 크다. 방문객들은 엘리베이터를 타고 지상으로부터 동상의 하단부까지 갈 수 있다. 원한다면 168계단을 올라가 뉴욕 시의 아름다운 광경을 지켜보고 즐길 수 있는 꼭대기까지 갈 수 있다.

해설_ 글 전체에서 자유의 여신상에 대해 언급하고 있으므로 (b), (c), (d)와 같은 세부 내용은 요지가 될 수 없고 전체를 포괄하는 (a)가 정답이다.

어휘_ statue 조각상

정답_ (a)

17.

해석_ 형법은 범죄로 분류된 행위에 대하여 정부가 어떤 사람을 기소하는 것이다. 한편, 민사는 개인과 단체가 법적 분쟁을 해결하고자 하는 것이다. 형사 사건에서 국가는 검사를 통해 소송을 제기하는 반면 민사의 경우에는 피해자가 소송을 제기한다. 범죄 확정을 받은 사람은 구금될 수도 벌금형을 받을 수도 또는 둘 다일 수도 있다. 하지만 민사 사건에서 책임을 지는 당사자는 단지 재산을 포기하거나 돈을 지불해야 할 뿐이며 구금되지는 아니한다.

해설_ civil case에서는 구금되는 열이 없다.

어휘_ criminal law 형법
prosecution 기소, 고발
civil case 민사 사건
prosecutor 검사

convicted of 유죄 선고를[판결을] 받은
incarcerate 감금하다

정답_ (c)

18.

해석_ 소녀의 엄마인 마리아는 권투에 미쳐 있는 자기 가족의 이상한 전통을 지키기 위해 딸에게 25개의 중간 이름을 지어주기로 결정했다. 울버햄프턴의 등록 사무실 직원을 어지럽게 만든 그녀의 전체 이름은 Autumn Sullivan Corbett Fitzsimmons Jeffries Hart Burns Johnson Willard Dempsey Tunney Schmeling Sharkey Carnera Baer Braddock Louis Charles Walcott Marciano Patterson Johansson Liston Clay Frazier Foreman Brown이다. "모든 게 우리 엄마와 아빠가 권투에 사로잡혀 있고 약간 바보 같은 유머 감각을 갖고 있어서예요. 어렸을 때는 내 이름이 뭔지도 기억할 수 없었어요. 10살이 되어서야 이름을 모두 기억할 수 있었죠"라고 마리아가 말했다.

해설_ 마리아도 부모의 영향을 받아서 긴 이름을 가지게 되었고, 그녀의 딸에게도 긴 이름을 지어 주었다. 그러나 마리아의 부모가 긴 이름을 가졌는지는 언급되어 있지 않다.

어휘_ bizarre 기괴한, 좀 별난
reel 현기증이 나다, 어질어질하다
obsessed with ~에 사로잡혀
daft 바보 같은, 어리석은
memorize 암기하다

정답_ (c)

19.

해석_ 어떤 데이타 저장 방법도 완벽한 것은 없다. 하지만 박테리아는 그 유전 정보를 한 세대로부터 다음 세대로 최소 30억 년 동안 전해 왔으며 그들은 인간이 사라지고 난 훨씬 후에도 여전히 번식하고 있을 가능성이 높다. 만약 우리가 그들의 게놈 정보를 부호화할 수 있다면 영원히 재생되고 보존될 것이다. 적어도 이것이 일본 분자 생물학자들의 생각이다.

해설_ 일본 분자 생물학자들의 생각으로 박테리아를 활용해서 정보를 전달하는 방법에 대해 이야기하고 있다.

오답 피하기_ 박테리아를 활용하는 것이 나름대로 영원한 저장 방법이라는 것이 주제이므로 (a)는 답이 될 수 없다. (b) generic은 '포괄적인'의 의미를 가지는 말이다. 따라서 주제와는 무관하다. (d) 박테리아를 이용한 미생물 연구는 데이타 보존에 대한 것이지 장수와는 무관하다.

어휘_ foolproof 오류가 없는, 완벽한

encode 암호화하다

in perpetuity 영원히

정답_ (c)

20.

해석_ 여자가 경주마를 몬다는 것이 나에겐 정말 놀라웠다. 그런 경우는 흔치 않지만 코니 이모는 차라리 남자에 가까웠다. 겨우내 그 편지를 읽으면 읽을수록 나는 점점 마차 경주에 관한 열정으로 참을 수 없었다. 나는 계속 어머니에게 올덴에 가게 해달라고 부탁했고 결국 어머니는 봄이 되면서 이번 여름에 구매 출장을 떠나야 하는 것을 알게 되고 승낙을 했다. 어머니는 이혼 이후 줄곧 덴버에 있는 큰 가구점에서 일했고 마침내 지금은 실내 장식 상담자이자 바이어로 일하고 있다.

해설_ 지문의 중간에 '여름에 구매 출장을 떠나야 하는 것을 알게 되고 승낙을 했다' 라는 내용이 힌트가 된다.

어휘_ harness racing 마차 경주

정답_ (c)

21.

해석_ 왕국은 위기에 처해 있다. 시민들의 동등한 대우를 서약한 후, 정부는 힘 있고 그들과 연관된 정당에 불공정 특혜를 줬다는 비난을 받고 있다. 많은 시민들은 공개적인 비난은 물론 심지어 반란에 일부는 영구적인 이민으로 위협하고 있다. 이 부정부패의 망령이 최근 나타났다. 골치 아픈 과거 식민지의 한 곳이 아니라 야망의 우주 조종사들이 광활한 공상 과학 우주에서 매일 수천 개의 태양계와 전투를 벌이는 이브 온라인(회원 약 20만 명)이라 불리는 인터넷 게임의 한 가상 국가에서 나타난 것이다.

해설_ 약 20만 명이 그 온라인 게임에 가입했다는 의미이다.

어휘_ stand ~을 받다, 감당하다

dissent 이의, 불찬성

revolt 반란, 폭동

specter 유령, 망령

postcolonial 식민지로부터 독립 후의

aspiring 야심만만한

정답_ (c)

22.

해석_ 가장 위험하다고 알려져 있는 거미는 검은과부거미이다. 그 거미의 독은 초원 지대의 방울뱀의 독보다 15배는 더 (독성이) 강하다. 검은과부거미의 독은 근육 통증, 심근 경색, 복부 통증, 경련, 마비 그리고 쇼크 등을 일으키는 신경 조직에 작용하는 독이다. 그러나

검은과부거미는 독이 거의 없기 때문에 방울뱀의 독의 치사율이 15-21%에 이르는 데 비해 검은과부거미에게 물렸다가 치료를 받지 못한 백 건 중 한 건 정도만이 치명적이다. 곤충들은 거미보다 독성이 적지만 많은 사람들이 벌, 말벌 그리고 개미의 침에 민감하기 때문에 더 많은 죽음을 야기한다.

해설_ 검은과부거미의 독은 심장이 작용해서 심근 경색을 일으키기 때문에 거기에 물린 희생자는 심장 마비를 일으킬 수 있는 가능성이 있다.

어휘_ venom 독

rattlesnake 방울뱀

abdominal 복부의

convulsion 경련, 발작

paralysis 마비

fatality rate 치사율, 사망률

rattler 방울뱀

sting 침

정답_ (b)

23.

해석_ 이것은 암탉은 단지 또다른 달걀을 낳기 위한 수단이라는 유전학자의 오래된 재담을 아주 진지하게 요약하고 있다. 하지만 인간은 알을 낳는 존재 이상이다. 그리고 기사도 전통은 단지 위장된 생존 전략 이상의 것이다. 그렇다면 왜 우리는 "여성과 아이"라고 하는 것인가? 사실 "아이를 위한 여성"인데. 가장 기본적인 부모의 유대는 모성이다. 부모의 공동 육아는 중요하며, 남자들에게는 게으름 피우지 말 것을 강요한다. 그러나 젖을 먹이는 것부터 요람에 재우고 품에 안아 키우는 것까지 여성은 남성이 못하는 양육을 행할 수 있다. 그리하여 우리는 아이들을 소중히하기 때문에─구명정에 아이들을 제일 먼저 태우는 것에 누가 반대를 하겠는가?─여성이 두 번째가 되어야 한다. 아이들에게는 여성이 필요하다.

해설_ 여성은 아이들의 생존을 위해서 꼭 필요한 존재라는 것을 글에서 추론할 수 있다.

어휘_ recapitulate 개괄하다, 요약하다

in all seriousness 아주 진지하게

geneticist 유전학자

witticism 재담, 익살

chivalrous 기사도적인

disguised 변장한, 속임수의

maternal 어머니로부터 받은

get off one's duff 일어나서 열심히 일하다

cradle 요람

cuddle 껴안다

정답_ (b)

24.

해석_ 과학자들은 칠레 남부의 외진 곳에 있는 빙하호가 단 두 달 만에 분화구만을 남겨둔 채 사라진 것이 지구 온난화 때문이라고 했다. 과학자들은 근방의 빙하가 녹으면서 호수의 해수면이 상승했고 증가된 수압으로 인해 댐 역할을 하던 빙하의 일부가 무너지게 된 것이라고 말했다. 호수의 물은 터져 나와서 근처의 협만까지 간 후 바다로 흘러갔다고 칠레 과학 연구소의 빙하 연구자 안드레스 리베라는 말했다.

해설_ 화석 연료의 소모가 지구 온난화를 가져왔고 그것이 얼음 호수가 사라진 원인이 된 것이다.

어휘_ crater 분화구

give way 부서지다, 무너지다

breach 갈라진 틈, 터진 곳

정답_ (b)

25.

해석_ 제 계좌에 596.49달러의 청구 금액에 오류가 있어 이의를 제기하려고 글을 씁니다. 그 금액은 잘못된 것입니다. 저는 지금까지 귀사의 가맹점에서 물건을 산 적도, 귀사의 신용카드를 신청한 적도 없기 때문입니다. 제가 신분 도용의 피해자가 된 것 같습니다. 누군가가 저 모르게 제 이름으로 신용카드를 신청해서 발급받아 사용한 것 같습니다. 그 오류를 수정하고 문제가 되는 금액과 관련된 대금이나 수수료를 제 계좌로 넣어주시기 바라며 상세한 명세서를 보내주시기 바랍니다.

해설_ 잘못된 청구서에 대해 항의하는 글이다.

어휘_ dispute 논의하다, 이의를 제기하다

정답_ (a)

26.

해석_ 나는 오늘 밤 방영될 텔레비전 프로그램에 대해 이야기하고 싶습니다. 그리고 여러분 모두가 그 프로그램을 보기를 바랍니다. 그 프로그램은 하와이 섬 해안가로부터 조금 떨어져서 지질학자들이 현재 진행하고 있는 작업을 보여줄 것입니다. 미국 유일의 수중 활화산이 그곳에 있습니다. 그 활화산은 성장하고 있으며 약 5만 년 후면 대양의 표면에 이르게 될 것인데, 5만 년은 지질학적 시간으로 보면 그렇게 긴 시간은 아닙니다. 지질학자들은 대양의 표면으로부터 3천 피트 아래 하와이 남동쪽으로 70마일이 위치해 있는 이 화산의 꼭대기에 무인 관측소를 설치하고 있습니다

해설_ 미국 유일의 수중 활화산에 대하여 지질학자들이 진행하고 있는 작업을 보여줄 것이라고 하였으므로 정답은 (b)이다.

어휘_ geologist 지질학자

unmanned 무인의

observatory 관측소

정답_ (b)

27.

해석_ 미국의 노예제는 1860년대 중반에 막을 내린다. 1863년 1월, 아브라함 링컨의 노예 해방 선언은 능란한 선전 전술이었다. 하지만 연방 정부의 영향력 밖의 노예들에게만 선언되었다. 즉 남부 연방이 통치하는 지역의 흑인들에게만 해당되는 것이었다. 미국의 노예제도가 법적으로 사라진 것은 1865년 겨울 수정 헌법 13조가 비준되었을 때이다. 이 수정안은 다음과 같이 선언하였다. "당사자가 정식으로 유죄 판결을 받은 범죄의 처벌을 제외한 노예제나 강제 노동은 미국 또는 미국 법이 지배하는 지역 내에서는 더 이상 존재하지 않는다."

해설_ 링컨의 노예 해방에 대해서 필자는 masterful propaganda라는 표현으로 칭송하고 있다. 따라서 '존경하는'의 의미를 가지는 respectful이 정답이다.

어휘_ Emancipation Proclamation 노예 해방령[해방 선언]

masterful 능란한, 훌륭한

the Confederacy 남부 연방

amendment 수정 조항

ratify 비준하다, 승인하다

servitude 강제 노동, 예속

duly 정식으로

jurisdiction 사법권

정답_ (b)

28.

해석_ IST는 심각한 혹 모양의 여드름이 항생제를 포함한 다른 치료법으로도 도움이 안 될 때 사용하는 치료 약물입니다. 하지만 IST는 심각한 부작용을 동반할 수 있습니다. IST 치료를 시작하기 전 반드시 의사와 가능한 부작용과 IST의 가능한 효과, 그리고 여드름이 얼마나 심각한지 상담하십시오. 의사는 IST 치료와 관련된 심각한 위험들을 알고 있음을 나타내는 서류를 읽고 서명할 것을 요구할 것입니다. 복용 중에 혹은 IST 치료를 중단한 바로 직후에 우울증과 자살 충동 혹은 자살행위를 경험한 일부 환자들도 있습니다.

해설_ 윗글의 첫 번째 문장에 IST가 여드름을 치료하는 약물이라는 내용이 있다.

어휘_ nodular 혹 모양의

　　acne 여드름

　　antibiotic 항생 물질

정답_ (a)

29.

해석_ 최근 수백 년 동안 페루에서 탐험가들은 리마로부터 북쪽으로 250마일 떨어진 외진 사막의 꼭대기에 세워진 고대의 기념물 찬키요에 대해 궁금해했다. 약 B.C. 300년까지 거슬러 올라가는 이 유적지는 라마 조련사와 농부들의 잉카 이전 문화인 차빈 문화에 의해 지어진 것 같다. 탑의 배열과, 일출과 일몰 때 태양의 위치에 맞춰진 탑의 방위에 주목하여 페루 카톨릭 대학의 고고학자 이반 게께는 드디어 그 신비를 풀어냈다. 사원의 통로에서 고대 페루 인들은 그 석탑들 너머로 해가 뜨는 것을 볼 수 있었는데, 석탑들은 일 년 동안 변하는 태양의 위치에 따라 계절, 주, 날을 정확하게 측정하기 위해 6에서 20피트에 이르는 높이와 정확한 간격으로 세워져 있다.

해설_ 윗글의 중간 부분에 '탑의 배열과, 일출과 일몰 때 태양의 위치에 맞춰진 탑의 방위에 주목하여 페루 카톨릭 대학의 고고학자 이반 게께는 드디어 그 신비를 풀어냈다' 라는 문장이 힌트가 된다.

어휘_ llama 라마, 아메리카 낙타

　　tamer 조련사

　　alignment 일직선을 이룸, 정렬

　　orientation 방위

　　archaeologist 고고학자

　　calibrate 재다, 측정하다

정답_ (c)

30.

해석_ 열이 눈에 보이고 물체 주위에서 발산되는 적외선을 맨눈으로 볼 수 있다고 가정해보자. 가장 가까운 곳에서 우리는 분자들이 끊임없이 윙윙거리며 날아다니는 것을 관찰한다. 분자들은 쾌적한 화씨 72° 인 방의 공기 중에서 시간당 1,100마일로 진동한다. 다시 돌아와서, 분자 전체가 왕성하게 움직이고 떠다니며 지속적으로 변화한다. 온도계는 물체 내에 움직임 혹은 운동 에너지가 얼마나 많이 남아 있는가를 측정한다. 그리고 "열"은 흐름과 소용돌이, 기류로 이 에너지가 한 장소에서 다른 장소로 이동하는 방식을 나타낸다.

해설_ 윗글의 맨 마지막 문장이 힌트가 된다.

어휘_ shed 발산하다

　　incessant 끊임없는, 그칠 새 없는

　　buzz 윙윙거리며 날다

　　molecule 분자

churn 세차게 움직이다, 휘저어지다

be in flux 항상 변하다, 유동적이다

kinetic energy 운동 에너지

swirl 소용돌이

정답_ (c)

31.

해석_ 흔히 '코알라 곰' 이라고 불리는 이 껴안아 주고픈 동물은 곰이 아니라 유대류, 즉 주머니를 가진 포유동물이다. 출산 후에 어미는 아기 코알라를 자신의 주머니에서 약 6개월간 기른다. 새끼가 나오면 한 살이 될 때까지 어미와 항상 같이 다니며 어미의 등에 타거나 배에 매달린다. 코알라는 유칼립투스 나무를 가장 좋아하며 그것이 가장 풍부한 호주 동부에 산다. 실제로 이들은 거의 이 나무를 떠나지 않으며 날카로운 발톱과 적을 상대할 수 있는 발가락으로 쉽게 높이 올라갈 수 있다.

해설_ 코알라는 유대류(marsupial), 즉 주머니를 가진 포유동물인데 캥거루도 주머니에 새끼를 넣고 다니는 유대류 동물 중 하나이다.

어휘_ cuddly 껴안고 싶은

　　marsupial 유대류(有袋類)

　　pouched 주머니가 달린

　　opposable 대항할 수 있는

　　digit 발가락

　　aloft 위에, 높이

정답_ (d)

32.

해석_ 말레이시아 북쪽의 한 마을 사람들은 우주의 외계인들이 인근 공동묘지에 묻혀 있다는 루거에 놀랐다. 아무래도 주술사가 무덤 파는 사람들에게 일요일 파시크마스의 시골 지역에 외계인을 묻으라고 시킨 것 같다고 주민들이 걱정해서 조사를 위해 그 사람을 가두게 되었다고 관할 경찰서장 하릴루딘 라힘은 말했다. 그 남자는 외계인이 아니라 약용으로 쓰려고 의식 때 바나나 나무 줄기를 묻었던 것이라고 설명한 뒤 풀려났다.

해설_ 윗글의 하단에 '그 남자는 외계인이 아니고 약용으로 쓰려고 의식 때 바나나 나무 줄기를 묻었던 것이라고 설명한 뒤 풀려났다' 라는 내용이 힌트가 된다.

어휘_ be laid to rest 매장되다

　　witch doctor 주술사, 무당

　　extraterrestrial 외계인

　　detain 감금하다, 붙들어 두다

medicinal (병을) 그치는

정답_ (d)

33.

해석_ 이 아기 보육용 모니터는 보육원용과 부모용이 있다. 보육원용은 개인 코드를 생성시킬 수 있는 컨트롤러와 아기 울음을 감지할 수 있는 마이크로폰, 그리고 개인 코드와 아기 울음으로 구성되는 신호를 전송할 수 있는 송신기를 가지고 있다. 부모용은 신호를 받아들이는 리시버와 참조 코드와 개인 코드를 구별할 수 있는 컨트롤러, 그리고 아기 울음이 들리게 하는 스피커와 증폭기가 달려 있다. 만약 개인 코드와 참조 코드가 일치하게 되면 부모용은 아기 울음이 출력된다.

해설_ 지문의 하단에 '개인 코드와 참조 코드가 일치하게 되면 부모용은 아기 울음이 출력된다' 는 내용이 힌트가 된다.

어휘_ nursery 보육원

transmitter 송신기

amplifier 증폭기

정답_ (d)

34.

해석_ 테크닉이 스텝을 밟을 수 있는 능력이라면 스타일은 스텝을 만들어낸 안무가와 스텝을 밟는 무용수들에 의해 스텝이 구성되고 형성되는 방식을 의미한다. 한 작품의 스타일에 영향을 끼칠 수 있는 요소들이 많이 있는데, 작품이 만들어지는 시대적·지역적 배경과 등장인물들의 사회적 지위를 예로 들 수 있다. 순수 무용의 스타일은 안무가의 취향에 의해서도 결정될 수 있다. 일부 안무가들은 서정적인 움직임을 좋아하는 반면 어떤 안무가들은 날카롭고 화려한 스텝을 선호한다. 개인적인 춤의 스타일은 무용수의 체질과 무용수가 무대에서 특정 움직임에 대하여 습관적으로 강조하거나 시간 조절을 하는 방식 등에 의해 영향을 받기도 한다.

해설_ 연습 시간에 대해서는 언급이 없다.

어휘_ choreographer 안무가

abstract dance 순수 무용

predilection 좋아함, 선입적 개호, 편애

glittering 화려한, 눈부신

temperament 기질

정답_ (a)

35.

해석_ 성공하기 위해서는 아주 훌륭한 학자가 되어야 할 뿐만 아니라 이겨내기 힘든 경쟁에서 대담한 직원이 되어야 합니다. 그러나 이 걸로 끝나는 게 아닙니다. 졸업하자마자 이제 더 이상 여러분은 인정 받지 못합니다. 그 대신 여러분은 의욕적이고 창조적인, 그래서 종종 자신의 일자리를 직접 창조하기도 하는 구직자가 되어야 합니다. 학생 생활은 이제 더 이상 선망의 대상이 되는 안전한 디딤돌이 아닙니다. 존경 받기도 하지만 때때로 동정 받는 직업이 되었습니다. 위대한 영웅인 졸업생 여러분, 여러분의 근면함과 강인함은 갈채를 받을 만합니다. 갈채에 답례하십시오. 그럴 자격이 있습니다.

해설_ 마지막 두 문장에서, 특히 your diligence 이하를 근거로 하면 정답이 (c)가 될 것이다.

어휘_ insurmountable 극복하기 힘든

in the face of ~와 마주 대하여, ~에도 불구하고

more often than not 대개, 보통

revere 숭배하다, 존경하다

nothing less than 바로 ~이다

take a bow 갈채를 받다, 인사하다

정답_ (c)

36.

해석_ 실리콘 밸리로 알려진 캘리포니아 주의 50마일에 걸쳐 뻗어 있는 지역은 그곳에 집중된 산업의 성질이 현재 급속하게 변화하고 있는 중이다. 실리콘 밸리라는 이름은 전자 회로의 중요한 요소인 반도체, 실리콘에서 유래했다. 이것은 이 지역이 미국 전자 산업의 주요 도시라는 점 때문이었다. 많은 사람들에게 지금은 이 특수한 지역이 "인터넷 밸리" 라든지 단순히 '밸리' 로 알려져 있다. 이것은 그 지역의 주요 산업의 변혁에 대한 증거이다. 정밀 전자 공학 회사들은 전자 거래와 웹 디자인, 혁신적인 온라인 디지털 기술을 전문으로 하는 회사들로 교체되거나 주위에 온통 그러한 회사들이 들어섰다.

해설_ 지문에 제시된 e-commerce, Web design 등을 포괄하는 단어가 the Internet이라고 볼수 있기에 정답은 (d)이다.

어휘_ semiconductor 반도체

a testament to ~에 대한 증거

정답_ (d)

37.

해석_ 인간의 눈에 호수는 그저 흐르는 물웅덩이겠지만 호수에는 엄밀히 하나의 완전한 세계가 담겨 있다. 모든 호수는 소우주로, 시간이 흐르면서 각 호수에 모인 생명체들이 고유의 생태계를 형성하였다. 이러한 현상은 멕시코 북부의 치추한 사막과 불모지인 북미 남서부 지역의 티나하(스페인 어로 '큰 물 항아리' 를 뜻함)라고 불리는 연못에서 축소된 형태로 볼 수 있다. 외딴 협곡의 바위로 둘러싸여 고립되어 있는 이 연못은 물사슴과 가지뿔영양의 생명 유지에 필요한

물웅덩이를 제공하며 또한 개구리, 뱀, 수생 곤충을 포함한 생명체들이 경쟁하고 상호 작용하는 작은 생태계가 들어 있다.

해설_ 앞 문장에 제시된 microcosms를 다른 말로 표현하면 vital water holes in miniature가 될 것이다.

어휘_ water hole 물웅덩이

microcosm 소우주

converge 모이다

arid 불모의, 메마른

pronghorn 가지뿔영양

정답_ (a)

38.

해석_ 미국에서 사용되는 전기의 68%가 환경을 오염시키는 화석 연료를 태워서 얻어진다. (a) 나머지는 원자력 발전과 수력 발전에 의해 만들어지며 단지 아주 적은 부분만이 바람, 태양, 바이오매스, 지하 증기와 같은 깨끗하고 재활용할 수 있는 자원을 통해 얻어진다. (b) 그러나 현재 15개 주에서 일정 비율의 전기를 재활용 가능한 자원으로 만들도록 요구하며 나머지 주도 그러한 요구를 고려하고 있다. (c) 재활용 가능한 에너지는 소비자에게는 비용이 더 들 수도 있다. (d) 만약 당신이 벽난로가 있다면 당신이 태운 나무는 바이오매스연료로 대체될 수 있다.

해설_ 전체적으로 대체 에너지 그 중에서도 바이오매스 연료의 긍정적 효과를 부각하는 서술이 이뤄지고 있는데, 이런 에너지로 인한 비용 증가를 언급하는 (c)의 서술은 일관성이 떨어진다.

어휘_ hydropower 수력 발전

biomass 바이오매스 (열 자원으로 이용되는 생물 자원)

renewable 재생 가능한

정답_ (c)

39.

해석_ 망각은 다른 곳에서와 마찬가지로 학교에서도 흔히 있는 일이다. (a) 우리는 이것을 기억력이 약하다든가, 첫인상이 희미하다든가 하는 등등의 탓으로 돌리기 쉽다. (b) 그러나 교사들은 지금까지 학생들의 망각에는 어떤 유형이 있다는 것을 보아왔다. (c) 크리켓 경기와 학교 파티와 시상식은 좀처럼 잊어버리지 않는데 숙제는 자주 잊어버린다. (d) 사람들은 기억력이 성격에 따라 다르다는 설명을 믿는다.

해설_ 윗글은 망각에 관한 글이지 기억력에 관한 글이 아니다.

어휘_ forgetfulness 망각

fall back upon 의지하다

정답_ (d)

40.

해석_ 집을 구입할 때는 반드시 흰개미가 있나 확인해 보아야 한다. (a) 흰개미는 외모로 보아서는 개미와 다르지만 군집 습성에 있어서는 개미와 같다. (b) 아프리카의 일부 사람들은 흰개미를 먹고, 아시아의 일부 사람들은 개고기를 먹으며, 유럽의 어떤 사람들은 핏물 배인 소시지를 먹는다. (c) 개미의 집단과 마찬가지로 흰개미의 집단은 제각기 특수한 역할을 가진 다른 계층들로 이루어져 있다. (d) 가장 완전한 모습을 갖춘 암수 흰개미들이 생식 계급을 구성한다.

해설_ 윗글은 집을 살 때 흰개미를 주의해야 한다며 흰개미에 대해 설명하는 글인데, 아프리카 인들이 흰개미를 먹는다는 것은 윗글의 흐름과 맞지 않는다.

어휘_ termite 흰개미

communal 공동체의

colony 군집

정답_ (b)